CÓMO DECIRLE ADIÓS AL CANSANCIO Y LA FATIGA CONSTANTE

Descubre las Claves para Sentirte Refrescado y Descansado Todos los Días

DANIEL J. HARRETT

© Copyright 2024 – Daniel J. Harrett - Todos los derechos reservados.

Este documento está orientado a proporcionar información exacta y confiable con respecto al tema tratado. La publicación se vende con la idea de que el editor no tiene la obligación de prestar servicios oficialmente autorizados o de otro modo calificados. Si es necesario un consejo legal o profesional, se debe consultar con un individuo practicado en la profesión.

- Tomado de una Declaración de Principios que fue aceptada y aprobada por unanimidad por un Comité del Colegio de Abogados de Estados Unidos y un Comité de Editores y Asociaciones.

De ninguna manera es legal reproducir, duplicar o transmitir cualquier parte de este documento en forma electrónica o impresa.

La grabación de esta publicación está estrictamente prohibida y no se permite el almacenamiento de este documento a menos que cuente con el permiso por escrito del editor. Todos los derechos reservados.

La información provista en este documento es considerada veraz y coherente, en el sentido de que cualquier responsabilidad, en términos de falta de atención o de otro tipo, por el uso o abuso de cualquier política, proceso o dirección contenida en el mismo, es responsabilidad absoluta y exclusiva del lector receptor. Bajo ninguna circunstancia se responsabilizará legalmente al editor por cualquier reparación, daño o pérdida monetaria como consecuencia de la información contenida en este documento, ya sea directa o indirectamente.

Los autores respectivos poseen todos los derechos de autor que no pertenecen al editor.

La información contenida en este documento se ofrece únicamente con fines informativos, y es universal como tal. La presentación de la información se realiza sin contrato y sin ningún tipo de garantía endosada.

El uso de marcas comerciales en este documento carece de consentimiento, y la publicación de la marca comercial no tiene ni el permiso ni el respaldo del propietario de la misma.

Todas las marcas comerciales dentro de este libro se usan solo para fines de aclaración y pertenecen a sus propietarios, quienes no están relacionados con este documento.

Índice

Introducción	vii
1. Encontrar El Equilibrio	1
2. Disfruta La Vida	23
3. Alimenta Su Cuerpo	39
4. Sé Saludable	67
5. Examina Tus Creencias	95
6. Prueba Un Nuevo Punto De Vista	109
7. Vive En La Simpleza	119
8. Nutre Tu Alma	139
9. Encuentra Un Propósito	151
Conclusión	157

Introducción

Seamos realistas: muchos de nosotros hoy nos sentimos cansados, desgastados, agotados y agotados. Queremos más energía para disfrutar de la vida, pero no podemos encontrar respuestas a nuestros agitados horarios de trabajo, frenéticas exigencias sociales y parentales, constantes interrupciones, armarios abarrotados y aparatos electrónicos delicados que no funcionan cuando los necesitamos.

Vivir a un ritmo acelerado, esforzándonos por lograr el éxito, llevando nuestras reservas personales al límite y tratando de hacer demasiado, da como resultado un estado de agotamiento crónico. Millones de nosotros nos levantamos cansados por la mañana. Así que nos atiborramos de café y donas y luego nos arrastramos de una actividad a otra a lo largo del día.

Introducción

Si tenemos suerte, podríamos tener fuerzas suficientes después del trabajo para tomar algo de comida rápida de camino a casa, sentarnos frente al televisor, tomar un par de tragos y luego dar vueltas en la cama preocupándonos por todo lo que no terminamos. En varias horas llega el momento de repetir el ciclo nuevamente.

No es de extrañar que muchos de nosotros seamos infelices. El cansancio crónico no es divertido. Le quita la alegría de vivir y las razones son obvias. No estamos diseñados para manejar una actividad continua. Ninguno de nosotros puede lograr todo lo que queremos. Cuando lo intentamos, nos quedamos cortos. Como resultado de comprometernos demasiado y no cuidarnos a nosotros mismos, terminamos agotados, frustrados, estresados y enfermos mientras nos esforzamos por ser todo para todos.

UN PROBLEMA GENERALIZADO

Cada año, muchos millones de nosotros acudimos al médico en busca de ayuda por un cansancio persistente. Estamos agotados, pero nos cuesta identificar exactamente qué es lo que está mal. Especialmente útil para dar sentido a un estilo de vida fuera de control es el concepto oriental de agotamiento. Este es un descriptor tan adecuado como cualquier otro para un estado de cansancio mental, físico y espiritual debido a una vida de desequilibrio que impide vivir con aprecio y atención. Sin

Introducción

duda, el agotamiento es un problema generalizado en el ajetreado mundo actual.

Como ya sabes, un estilo de vida agotador puede ser una fuente importante de agotamiento. Te sientes completamente agotado de la peor manera posible. Ya no disfrutas de las relaciones familiares y de amigos.

Te aíslas de tus compañeros de trabajo a la hora del almuerzo. Odias la idea de salir de casa a menos que sea absolutamente necesario. Temes un compromiso adicional, aunque te sientes obligado a seguir diciendo que sí a las peticiones de los demás. Te sientes miserable pero no estás seguro de cómo salir del carrusel de la vida caótica.

Como sea que tu elijas llamarlo, agotamiento, cansancio, agotamiento, fatiga, apatía o agotamiento, se necesita un plan simple y directo para corregir los excesos y desequilibrios de la vida moderna. Si estás leyendo este libro, probablemente ya hayas probado varias tácticas para recuperar niveles juveniles de energía. Claramente, ahora está listo para un enfoque diferente.

BUENAS NOTICIAS PARA LOS CANSADOS

La respuesta a la pregunta "¿Por qué estoy tan cansado todo el tiempo?" No es sorprendente. Según muchos expertos en salud, la fatiga ordinaria (que no se debe a una enfermedad médica) suele ser provocada por estrés y conmoción prolongados, descanso inadecuado, ejercicio insuficiente, mala alimentación, obesidad y desorganización. La ansiedad, la depresión, la ira y la culpa también contribuyen al cansancio persistente. La conclusión es que no debes sentirte solo ni avergonzado. El agotamiento crónico es uno de los problemas de salud más frecuentes que acuden a los médicos.

¡Nuestra buena noticia es que la curación es posible!

Para recuperar la energía y el entusiasmo perdidos, debes elegir aquellos cambios en tu estilo de vida que te llevarán por el camino del equilibrio y la simplicidad. Es por eso que nuestro tema central para este libro es aumentar su energía personal buscando el equilibrio, reduciendo el estrés, replanteando el pensamiento y desacelerando la experiencia de hoy.

¿Por qué es todo esto tan importante? La necesidad de equilibrio está en el centro de la existencia humana, lo que significa que tiene mucho que ver con las reservas generales de energía vital, o Qi, como lo llaman los médicos orientales. Muchos problemas cotidianos relacionados con el cansancio, el estrés y el malestar se deben, en realidad, a un desequilibrio en una o más áreas de la vida.

El objetivo es restablecer el equilibrio para alcanzar y disfrutar de la cantidad justa de energía: ni muy poca ni demasiada.

Introducción

Nuestra intención no es enseñarte cómo estar aún más ocupado de lo que ya estás, sino que sólo aumentará tus problemas a largo plazo. En cambio, explicaremos cómo encontrar un estado de equilibrio es el paso más importante para sentirse lleno de energía y experimentar la vida como debe ser: intencionalmente y con amor. Esto requiere elegir como prioridad aquello que contribuye al bienestar y dejar ir el resto.

El equilibrio también significa dedicar tiempo a actividades que vigoricen e inspiren a comer y dormir bien, disfrutar de la naturaleza, leer libros inspiradores, escuchar música tranquila, reflexionar, orar, meditar y ayudar a los demás, por nombrar sólo algunas.

Tomando prestado lo mejor de las tradiciones occidentales y orientales, describiremos algunos de los métodos más efectivos para ayudarlo en su búsqueda de equilibrio y energía. Pocos de nosotros podemos hacer las maletas, salir a la carretera y trasladarnos a la proverbial montaña meditativa. Sin embargo, la mayoría de nosotros podemos integrar gradualmente cambios saludables en nuestras vidas. A medida que estos cambios se afiancen, encontrará un mayor entusiasmo por la vida y mucho más tiempo para estar en el momento consigo mismo y con quienes lo rodean.

LO QUE ESTE LIBRO PUEDE HACER POR TI

Introducción

Tenemos una perspectiva personal y práctica para ofrecerle: una guía amigable paso a paso para aumentar tu energía buscando el equilibrio mental, físico y espiritual. Te mostraremos cómo utilizar técnicas probadas a lo largo del tiempo para encontrar energía, salud y tranquilidad. También te mostraremos cómo utilizar el ejercicio, la buena nutrición, la medicina integrativa, una actitud realista y la espiritualidad para renovar tu cuerpo y alma, simplificar y organizar tu agenda y descubrir tu propósito y significado. Armado con nuestras recomendaciones holísticas, estará en el camino hacia una vida equilibrada y llena de energía casi al instante.

Este libro se divide en diez capítulos que se centran en las mejores y más seguras técnicas occidentales, orientales e integradoras para encontrar el equilibrio y la energía. Hablaremos de la buena salud desde el punto de vista mente-cuerpo-espíritu. Explicaremos algunas de las principales diferencias entre los modelos de curación occidentales y orientales y revisaremos las implicaciones de estas diferencias para la restauración de energía. Y discutiremos cómo pueden ayudar la terapia de masajes, la acupresión, la acupuntura, la osteopatía, la quiropráctica, la nutrición, el ejercicio y el sueño.

UNA INVITACIÓN AL CAMBIO

Si te molesta sentirte agotado, si estás cansado de estar estancado o si estás harto del estrés, tenemos algunas

Introducción

recomendaciones excelentes para ti. En las siguientes páginas te ofreceremos muchas ideas sensatas y probadas en el tiempo para restaurar naturalmente tu energía, entusiasmo y sensación de bienestar.

Imagínate, quizás por primera vez en años, despertarte ansioso por afrontar el nuevo día con todos tus desafíos. Imagínate sentirte completamente despierto toda la tarde sin necesidad de tomar una taza de café extra. Imagínate llegar a casa del trabajo, disfrutar de una cena deliciosamente saludable, divertirte con tus hijos y mascotas y disfrutar de un sueño reparador. Todo esto es posible cuando decides aceptar nuestra invitación a abordar tu vida de una manera nueva.

Pero no olvides que el cambio requiere esfuerzo. Nada que valga la pena en la vida es fácil ni rápido. Es difícil realizar los cambios necesarios en el estilo de vida para recuperar la pasión perdida. No existen pastillas ni varitas mágicas que solucionen tus problemas. Todos lo sabemos por experiencia personal.

Tampoco nadie más puede hacer cambios por ti. Depende totalmente de ti. Tienes que decidir cuándo es suficiente. Hay que decir no a los excesos de la vida moderna. Tienes que transformar la vida de una lucha diaria contra el cansancio a una aventura diaria llena de energía, bienestar y amor. En pocas palabras, debes decidir asumir la responsabilidad de mejorar tu propia vida. Nadie más puede darte paz interior y felicidad. ¡La pelota está en tu tejado!

TU PUEDES AYUDARTE

A menudo nos preguntan por qué creemos tan firmemente en los libros de autoayuda. La respuesta es simple. Aplaudimos el acceso a información que puede ayudarle a realizar cambios positivos en su vida. Un libro como éste, que es mucho menos costoso que una terapia de crecimiento personal o un retiro de fin de semana, es fácil de conseguir.

Es un excelente primer paso en tu viaje para mejorar.

Pensamos en la autoayuda como una forma de auto afrontamiento deliberado.

Cada vez que hace planes, sopesa alternativas, imagina mejores métodos o resuelve problemas, te estás ayudando a ti mismo. Puedes manejar tus situaciones angustiosas con una decisión consciente de mejorar. Puedes alterar tus pensamientos, emociones y comportamientos. Puedes identificar tus defectos personales y conviértete en dueño de tus circunstancias.

Por eso hemos escrito ¡Deja de sentirte cansado! Queremos que tengas las herramientas necesarias para encontrar energía y entusiasmo. Recuerda, no hay nada más empoderador en la vida que poder hacerte cargo y resolver tus propios problemas. Autoayuda significa superación personal, responsabilidad personal y confianza en uno mismo.

Esto no quiere decir que siempre debas hacerlo solo. Debes pedir apoyo a quienes te rodean siempre que sea necesario.

A veces también es una buena idea buscar ayuda profesional; No hay vergüenza en hacer esto. Sin embargo, muy a menudo puedes ayudarte tú mismo sin el gasto de acudir a un profesional.

Sentirte vibrante y feliz, aunque requiera mucha motivación y trabajo duro de tu parte, está ciertamente a tu alcance.

Sólo necesitas adoptar un enfoque nuevo y sensato en tu vida.

Consejo energético para hoy

Programa un descanso de 15 minutos en el que puedas estar solo y sin ser molestado. Céntrate, vaciando tu mente de todas las preocupaciones. Quizás quieras dar un paseo o sentarte en tu silla favorita. Luego, respira profundamente mientras escucha los sonidos presentes. Disfruta de la belleza del canto de los pájaros o del tictac de un viejo reloj.

Introducción

Experimenta la paz y el agradecimiento. Siente alegría por estar vivo hoy. Recuerda todo esto cuando regreses al mundo real. Siempre que empieces a sentirte estresado o abrumado, disfruta de un descanso del alboroto de la vida diaria.

Encontrar El Equilibrio

¿Alguno de estos comentarios te suena familiar?

"Estoy tan cansado que no puedo ver bien".

"Voy y voy y voy todo el día, y por la noche tengo la energía suficiente para quedarme dormido frente al televisor."

"Si algo más se estropea en nuestra casa, me pararé en el techo y gritaré". "Estoy realmente cansada de intentar ser la mejor mamá del fútbol".

"Trabajo tan duro durante la semana que el sábado ya no valgo nada".

. . .

"Me despierto cansado y luego me arrastro todo el día deseando poder tomar una siesta".

"No puedo decir que no cuando mis compañeros de trabajo me piden favores."

Si alguna vez has tenido pensamientos como estos ¡bienvenido al club! Al igual que nosotros, usted y millones de personas saben lo que significa estar crónicamente agotado y frustrado. De hecho, el cansancio excesivo es uno de los problemas de salud más frecuentes hoy en día en Estados Unidos.

Si también te preguntas por qué todos los que te rodean parecen estar hartos y agotados, las razones no son tan misteriosas. Los estadounidenses están sobrecargados de trabajo, comprometidos en exceso, con sobrepeso y gastados en exceso. Estos cuatro grandes meses de la vida moderna están estrechamente relacionadas con la enfermedad crónica del cansancio como te explicaremos.

MÁS GRANDE, MÁS RÁPIDO, MÁS NUEVO

. . .

Hemos notado dos tendencias particularmente inquietantes en los últimos años:

1) presión para desempeñarse de manera instantánea y perfecta, y 2) exigencias de mantenerse al día con lo último en todo. Lo que complica aún más las cosas es buscar la llamada buena vida en una economía difícil.

Los rigores de la vida nos imponen a todos una gran tensión. Cada día se convierte en nada más que un tedioso intento de sobrevivir a otra batalla más. Si no son los jefes o los profesores, son los niños, los padres, los vecinos o los amigos. La gente nos atrae desde todas direcciones. Intentamos decir que no, pero nos molestan hasta que cedemos.

En última instancia, esa presión externa se convierte en presión interna. Desarrollamos una necesidad persistente de esforzarnos más y más rápido en un intento de complacer a los demás y sentirnos valiosos. Seamos honestos: este patrón de comportamiento de "dar y recibir" es muy común y completamente insalubre.

Pasamos innumerables horas en trabajos que requieren informes perfectos que vencen ayer. Nuestro trabajo se ha vuelto aún más exigente a medida que los jefes corporativos combinan trabajos en la base para ahorrar dinero, y rara vez aceptan recortes salariales por el bien de sus empresas o empleados.

Los pagos con tarjeta de crédito desaparecen en línea, por lo que estamos sorprendidos con un costoso cargo por retraso.

Luego, intentamos conseguir a través de un "representante sin servicio al cliente" (como el defensor del consumidor llama a estas personas) para quejarnos, pero nos perdemos irremediablemente en un teléfono un menú que no nos deja hablar con un ser humano.

Nuestro fax/copiadora/escáner inalámbrico todo en uno se estropea cuando es absolutamente necesario que funcione.

Así que contratamos a un técnico que cobra mucho dinero por una llamada de servicio, pero no puede arreglarlo. Al final del día, todavía tenemos un cargo por pago atrasado en el extracto de nuestra tarjeta de crédito y nuestro fax/copiadora/escáner todavía está roto.

. . .

Cuando estamos en casa, los teleoperadores nos interrumpen continuamente a la hora de comer. "Aproveche nuestra gran oferta, disponible solo hoy". Y después de cenar ni siquiera podemos sentarnos tranquilamente a mirar la televisión. Los programas de radiodifusión y los comerciales son cada vez más atrevidos.

Ahí es cuando podemos decidir cuál entre literalmente cientos de canales y programas digitales mirar. En nuestra opinión, una cierta cantidad de opciones es buena, pero una sobrecarga de oportunidades y opciones interfiere con nuestra capacidad de mantener la calma y la concentración.

Un bombardeo continuo de anuncios en televisión, radio, vallas publicitarias y en línea nos convence aún más de competir con nuestros vecinos. Estamos atrapados en el ciclo de comprar el mejor reproductor multimedia, televisor de pantalla plana, teléfono inteligente o tableta cada vez que aparece un nuevo modelo llega al mercado. Debemos mantenernos al día con las últimas tecnologías, ¿verdad?

Incluso nuestros hijos sucumben. Quieren los videojuegos y juguetes informáticos más nuevos. También esperan estar en movimiento y entretenidos las 24 horas del día, los 7 días de la semana. Una o dos actividades extracurriculares no son suficientes. Los padres deben ser hiperpadres y llevar a sus hijos por toda la ciudad la mayoría de las tardes para recibir lecciones de música, clases de kárate, partidos de fútbol y fiestas de cumpleaños. Nos sentimos culpables si no brindamos a nuestros hijos todas las oportunidades disponibles.

SUFICIENTE ES SUFICIENTE

¿Alguna vez has querido levantarte y decir: "Ya es suficiente"? Nos hemos sentido así muchas veces, eso te lo aseguro.

Podríamos achacar la situación actual al dinero. Después de todo, nuestra sociedad fomenta las cuatro grandes O: trabajar demasiado, comprometerse demasiado, comer demasiado y gastar demasiado. ¿Por qué? Porque los cuatro generan dinero para otra persona. A Wall Street y Madison Avenue les encanta sembrar las semillas del descontento como forma de animarnos a gastar.

Pero el problema va mucho más allá del dinero y la presión externa. En el centro de los grandes O está la presión interna: nuestra necesidad irrazonable de parecer ocupados, sentirnos aceptados y satisfacer nuestros deseos independientemente de lo que suceda con nuestros cuerpos, nuestras finanzas o nuestras comunidades.

Muchos de nosotros también vinculamos nuestra autoestima a nuestros bienes y logros materiales: cuántas pertenencias podemos poseer y qué tan ocupados podemos estar. Como lo describió un amigo:

"Durante muchos años he enseñado en la universidad y al mismo tiempo he servido como ministro laico en mi iglesia. Para llegar a fin de mes, también he tenido diferentes trabajos a tiempo parcial, incluida la redacción de textos publicitarios para nuestro periódico local.

Además de estar casada, criar dos hijos y cuidar dos perros grandes. No tuve muchos problemas para hacer malabares con todo cuando era más joven, pero ahora que soy mayor es más difícil hacer múltiples tareas. Lo curioso es que termino cometiendo más errores en más proyectos cuando mi agenda se aligera. Es como si fuera una buena persona trabajadora y buena cuando estoy ocupada, pero soy una mala persona perezosa y mala cuando no lo estoy. Por eso parece que no puedo dejarme disfrutar gratis de mi tiempo o irme de vacaciones. Me ha costado mucha autorreflexión llegar a la conclusión de que soy la causa de la mayoría de mis propios problemas".

. . .

Si eres como nuestro amigo, probablemente estés creando la mayoría de tus propios disgustos, incluso si no te das cuenta.

Quizás seas tu peor enemigo. Pero estamos aquí para decirte que puedes volver a disfrutar de la vida. ¡Ya es suficiente! Realmente puedes rechazar los excesos, vivir en equilibrio y recuperar la energía personal.

ESTRÉS Y DESEQUILIBRIO

El cansancio crónico no aparece de la nada. Generalmente es el resultado final de una larga pero predecible serie de eventos.

Todas las presiones, exigencias y molestias de la vida se suman a un desagradable efecto negativo: demasiado estrés.

Esto conduce a un desequilibrio que conduce al cansancio crónico. Es así de sencillo. Si lo prefieres, aquí tienes una ecuación para demostrar nuestro punto:

Complicación → estrés → desequilibrio → cansancio cotidiano

Cuando tienes demasiado estrés, respondes de manera ineficaz a los problemas de la vida, lo que causa desequilibrio, cansancio y más estrés. Y así continúa el ciclo.

Todos tenemos diferentes presiones externas e internas.

Cualesquiera que sean sus factores estresantes, el resultado suele ser el mismo si no has aprendido a manejarlos eficazmente: un cansancio que no cede. Esto tiene sentido porque tus percepciones de la vida, si son incorrectas, probablemente aumentarán tus sentimientos de impotencia.

Entonces la respuesta es eliminar todo el estrés, ¿verdad? No exactamente. El estrés es inevitable. Si no tienes estrés, estás muerto. Técnicamente, no es el estrés lo que te causa problemas. Más bien, lo que marca la diferencia es cómo manejas el estrés.

En nuestra opinión, y tendremos mucho más que decir al respecto en capítulos posteriores, el estrés, el desequilibrio y el cansancio cotidiano suelen empeorar con pensamientos irracionales, emociones fuera de control y comportamientos poco saludables. (Nuestro uso de la palabra "irracional" debe interpretarse en el sentido de que significa distorsionado, irrazonable, poco realista o ineficaz. No lo decimos como un insulto o una burla.) Dicho de otra manera, el agotamiento crónico tiene que ver principalmente con la forma en que piensas y afrontas tus circunstancias. Cambiar estos pensamientos, emociones y comportamientos irracionales nunca es fácil, pero con la práctica definitivamente puedes mejorar la calidad de tu vida.

YIN Y YANG

En la antigüedad, los médicos chinos también eran profesores y filósofos firmemente arraigados en la tradición taoísta. El Tao enfatiza una armonía especial dentro del cuerpo humano, que opera según los mismos principios que todo lo demás en la naturaleza.

Desde la perspectiva de la Medicina Tradicional China (MTC), la salud mental, física y espiritual están íntimamente relacionadas con la capacidad de la energía vital del cuerpo. o Qi (pronunciado "chee"), para fluir libremente. El Qi es una energía vital universal que se mueve por todo el cuerpo y por toda la creación.

Muy poco Qi disponible para su uso da como resultado un estado de agotamiento que los occidentales podrían describir como agotado, desgastado, quemado o agotado.

Se dice que el Qi se manifiesta en el mundo como dos opuestos mutuamente dependientes: el Yin y el Yang. Ejemplos de Yin y Yang incluyen frío (Yin) y calor (Yang), húmedo (Yin) y seco (Yang), noche (Yin) y día (Yang), silencio (Yin) y ruido (Yang), y muchos otros aparentemente cualidades y estados contradictorios.

La armonía de la salud depende en gran medida del equilibrio del Yin y el Yang. Debido a que los humanos tenemos una relación dinámica con la naturaleza, reaccionamos constantemente a influencias externas e internas en un intento de mantener el equilibrio. Si no podemos adaptarnos, desarrollamos enfermedades u otros problemas. Un propósito importante del diagnóstico de la MTC es identificar este desequilibrio.

Cuando el Yin y el Yang están armoniosamente equilibrados y el Qi fluye suavemente, la salud y la energía son óptimas. Entonces debes encontrar el equilibrio en tu vida para desbloquear y proteger tu Qi y restaurar la energía perdida. De hecho, el objetivo principal de la MTC es prevenir y corregir el desequilibrio y el agotamiento del Qi y sus consecuencias de enfermedad, miseria y fatiga.

La acupuntura, la acupresión, los masajes, la dieta, la actividad física, la moderación y la atención plena probablemente le ayudarán a encontrar el equilibrio, recuperar energía y tener una vida más sana y feliz.

LA CONEXIÓN MENTE-CUERPO-ESPÍRITU

Es más fácil relajarse en la playa que en medio del tráfico. ¿Quién puede ser mejor cuando trabaja demasiado, está cargado de cafeína y azúcar o está deprimido? El estrés diario de la vida puede agotar nuestra energía física hasta el punto de que una simple molestia, como un semáforo que funciona mal, puede ser suficiente para llevarnos al límite. Por el contrario, todos tenemos mejores perspectivas cuando estamos de vacaciones o en una fiesta. No hace falta ser detective para ver cómo la mente, el cuerpo y el espíritu humanos están conectados de maneras maravillosas.

El cansancio cotidiano, por tanto, es fundamentalmente un problema mente-cuerpo-espíritu. (Hay excepciones; algunos trastornos médicos graves, como la anemia, se presentan con fatiga como síntoma principal). A veces el cansancio es más mental o espiritual que físico, y otras veces es más físico que mental o espiritual. Aún así, siempre hay una conexión entre estos lados de ti mismo, aunque la parte mental probablemente juega un papel más importante en tu cansancio de lo que crees.

RESPUESTAS

La interdependencia de la mente, el cuerpo y el espíritu humanos es fundamental para las técnicas que recomendamos en este libro. Sin embargo, esta conexión holística se extiende más allá de la energía personal. Es evidente en todo lo que hacemos, desde escuchar música hasta dominar una materia académica y disfrutar de una carrera. De hecho, es difícil no encontrar estas asociaciones. Sin embargo, las mismas interacciones mente-cuerpo-espíritu que nos traen alegría en la vida también pueden traernos dolor.

La respuesta al cansancio crónico queda clara. Necesitas encontrar el equilibrio en tu mente, cuerpo y espíritu. Dicho de otra manera, simplificar tu vida y ajustar tu actitud reducirá tu estrés, lo que restaurará tu Qi, lo que te dará más energía. Cambiando la ecuación se obtiene:

Simplicidad → calma → equilibrio → energía cotidiana

. . .

Sabemos de personas que han disfrutado de increíbles beneficios al aplicar este principio a la vida. Uno de los pacientes de Jorge sufría de agotamiento extremo como consecuencia de intentar complacer a todos los demás.

Cuando simplificó su vida y aprendió a decir no, empezó a sentirse más centrada y enérgica.

Prácticamente todos los problemas mente-cuerpo-espíritu, independientemente de las causas, responden a estrategias de autoayuda que minimizan los factores estresantes y eliminan pensamientos, emociones y conductas ineficaces.

Al cambiar la forma en que miras y experimentas el mundo, puedes influir positivamente en el curso de tu vida.

EQUILIBRIO Y ARMONÍA

Cuatro áreas importantes para ayudar a restablecer el equilibrio y encontrar la armonía son el ejercicio, la nutrición, la actitud y la espiritualidad. Discutiremos estos y otros temas con mayor detalle en los próximos capítulos. Mientras tanto, la idea es comprender cuán vital es un estilo de vida saludable para la felicidad.

. . .

Ejercicio

La mayoría de nosotros somos conscientes de las numerosas ventajas del ejercicio aeróbico. Caminar, correr, trotar, nadar, andar en bicicleta, bailar y esquiar de fondo aumentan el consumo de oxígeno y desarrollan la resistencia, especialmente cuando se mantienen durante un mínimo de 30 minutos la mayoría de los días de la semana.

El resultado neto es un acondicionamiento que conduce a beneficios para la salud como control de peso, aptitud cardiovascular y regulación del colesterol y el azúcar en sangre. Debido a que sólo la mitad de nosotros que iniciamos un programa de ejercicios continuamos después de los seis meses, el cumplimiento es fundamental. Tener objetivos definibles, como perder 15 libras de grasa, mejora las posibilidades de seguir haciendo ejercicio.

Muchos de nosotros olvidamos que el ejercicio también disminuye el estrés, reduce la ansiedad, mejora el estado de ánimo y restaura la energía. Si bien gastar energía como forma de recuperarla puede parecer inicialmente contradictorio, el ejercicio proporciona beneficios inmediatos y duraderos, y debería ser la piedra angular de cualquier programa de bienestar.

. . .

Nutrición

"Somos lo que comemos." Este conocido adagio suena más cierto de lo que la mayoría de nosotros queremos admitir.

Nuestra alimentación afecta fuertemente a nuestra salud.

No quedan dudas de que ciertos alimentos provocan y agravan ciertas condiciones.

Como dos ejemplos, el consumo excesivo de sal está relacionado con la hipertensión y el consumo excesivo de grasas está relacionado con la obesidad, la diabetes y las enfermedades cardíacas.

Los carbohidratos simples que se encuentran en los dulces, el pan blanco, los refrescos y las barras de chocolate se digieren rápidamente para proporcionar una oleada de energía. Desafortunadamente, estos carbohidratos simples carecen de los nutrientes esenciales necesarios para obtener energía a largo plazo y provocan una caída que provoca antojos de más. ¿El resultado? El consumo excesivo de dulces ricos en calorías, que eventualmente pueden causar obesidad, diabetes, hiperactividad, ansiedad, depresión, caries dental y muchos otros problemas.

. . .

Si consumes demasiada azúcar y cafeína a lo largo del día sólo para seguir moviéndote, necesitas hacer cambios.

Consuma carbohidratos más complejos, como los que se encuentran en los alimentos vegetales y en los panes y pastas integrales. Estos se digieren lentamente y proporcionan niveles sostenidos de energía. Los carbohidratos complejos deben constituir el mayor porcentaje de calorías que consumes cada día.

Las vitaminas y las hierbas también pueden resultar útiles. Pero ten en cuenta que las opiniones con respecto a los suplementos varían considerablemente, por lo que tu y tu médico tendrán que decidir cuáles son los más adecuados para ti.

Actitud

Lo fundamental para recuperar la energía perdida es eliminar los pensamientos irracionales que le impiden disfrutar de una vida más entusiasta y amorosa. Tienes que desafiar tus puntos de vista ineficaces y reemplazarlos por otros eficaces. Por ejemplo, si crees incorrectamente que siempre necesitas decir sí, aprender a decir no aumentará tu felicidad.

Espiritualidad

La espiritualidad es importante para una buena salud física y mental. Diversos estudios de investigación lo han confirmado. Además, la paz, el amor, la fe, la esperanza, la alegría, la apertura, la compasión, la empatía, la tolerancia, la aceptación y la caridad son algunos de los beneficios de una vida interior equilibrada. Muchas personas encuentran la victoria sobre el cansancio mientras trabajan en su conciencia y crecimiento espiritual.

DOS CONDICIONES AGOTADORAS

Este libro está dirigido principalmente a personas cuyo cansancio cotidiano se debe a un estrés excesivo, una mala alimentación, una actitud poco razonable, un estilo de vida apresurado, etc. Es importante recordar, sin embargo, que la fatiga puede ser síntoma de muchos problemas médicos, algunos de ellos bastante graves, como anemia, diabetes, enfermedades cardíacas, hipotiroidismo, insuficiencia suprarrenal, esclerosis múltiple, apnea del sueño y depresión. Debes hacer que un profesional de la salud revise tu agotamiento. El autodiagnóstico puede ser una receta para el desastre.

Dos afecciones que presentan fatiga como síntoma han recibido mayor atención por parte de la comunidad sanitaria en los últimos años: el síndrome de fibromialgia (FMS) y el síndrome de fatiga crónica (SFC).

Síndrome de fibromialgia

El FMS es un trastorno de dolor y fatiga incapacitante caracterizado por dolores corporales generalizados, puntos gatillo dolorosos, problemas estomacales e intestinales, dolores de cabeza y alteraciones del sueño y de la energía.

Los expertos no se ponen de acuerdo sobre las causas del FMS, aunque muchos creen que los factores estresantes, las enfermedades y las toxinas pueden ser desencadenantes. Los cambios climáticos, los ambientes fríos y con corrientes de aire, las fluctuaciones hormonales, el descanso inadecuado, la ansiedad y la depresión también pueden contribuir a los brotes de síntomas. Aún así, con demasiada frecuencia se descarta el FMS. psicosomático o mal diagnosticado como gripe, artritis u otra afección. Los tratamientos están tradicionalmente dirigidos a controlar el dolor, reducir el estrés y mejorar la calidad del sueño.

Síndrome de fatiga crónica

El SFC es otro trastorno complicado e incapacitante. Los síntomas pueden incluir fatiga profunda, problemas de concentración, dolores musculares y articulares, falta de sueño, dolores de cabeza tensionales, sensibilidad en los ganglios linfáticos y síntomas similares a los de la gripe. El SFC parece estar relacionado, al menos en algunos casos, con el FMS. Las causas potenciales del SFC son muchas.

Infección viral, ansiedad, depresión y susceptibilidad genética son algunas de las posibilidades. Los tratamientos suelen incluir una combinación de medicamentos, suplementos vitamínicos, terapia de masajes, dieta, ejercicio y asesoramiento.

BUENAS NOTICIAS

Tanto desde la perspectiva occidental como oriental, el cansancio crónico a menudo se debe a un estilo de vida desequilibrado relacionado con el estrés excesivo, el trabajo sedentario, la alimentación poco saludable, la percepción incorrecta y la apatía espiritual. Independientemente de la fuente, sentirte agotado es difícil. Sin embargo, puedes hacer algo con respecto a tu agotamiento. Al elegir una vida de moderación y satisfacción cosecha las recompensas de una salud renovada, vigor y energía diaria.

2

Disfruta La Vida

Tus pensamientos, emociones y comportamientos afectan en gran medida tu salud. Si deseas disfrutar de la vida, encontrar armonía y paz y reducir el estrés que agota tu energía, debes comprometerte a hacer lo mejor para tu salud mental, física y espiritual. Debes abordar tu vida de manera diferente.

Como ejemplo muy común, a muchas personas les resulta difícil ser asertivas cuando otros intentan manipularlas. Al asumir cada exigencia que se les presenta, estas buenas personas rápidamente se agotan por no establecer límites claros. La falta de afirmación puede deberse a diversas causas, pero con frecuencia se origina en mensajes de la primera infancia (cortesía de familiares, amigos, maestros y líderes religiosos) sobre la necesidad de la aprobación de los demás.

. . .

Consideremos a Susana, que se considera una buena persona. Susana fue criada con la creencia de que siempre debía ayudar a los demás y hacer un esfuerzo adicional.

Mientras se obsesiona con la necesidad de ser una buena madre y cristiana, Susana rara vez rechaza las solicitudes.

Pasa muchas horas cada semana haciendo recados para su suegra, llevando a sus hijos y a sus amigos a actividades extracurriculares, siendo voluntaria en su iglesia y dedicando horas gratis a su trabajo. Susana se cansa y frustra cada vez más y comienza a beber alcohol y tomar tranquilizantes para calmar sus nervios y mejorar su sueño. Mientras tanto, a ella le preocupa cada vez más no estar a la altura, por lo que inscribe a sus hijos en actividades adicionales por la tarde y los fines de semana e intensifica su voluntariado.

Este desafortunado ciclo continúa hasta el punto en que la salud de Sue comienza a deteriorarse.

Susana no presenta un escenario simple de causa y efecto.

. . .

Tiene múltiples problemas: mentales, físicos y espirituales que interactúan para crear dificultades en su vida.

A fin de cuentas, un consejero podría tratar primero sus pensamientos distorsionados sobre la necesidad de estar a la altura a los estándares de los demás y luego abordar el resto de sus problemas.

Otra consideración es el beneficio potencial de un rol agotado en el hogar o el trabajo. El cansancio puede servir como un mecanismo de afrontamiento para aliviar a quienes lo padecen de responsabilidades. ("Estoy agotado, así que no puedo arreglar la cerca esta tarde"). Básicamente, la persona es recompensada por permanecer cansada, lo que podría incluir ganancias financieras o atención adicional por parte de los miembros de la familia.

NATURALEZA

En nuestras rutinas diarias, la mayoría de nosotros apenas salimos. Podríamos ir de la casa al coche y al lugar de trabajo sin nisiquiera mirar al cielo. Quizás el aire libre sólo nos llame la atención cuando llueve encima o, en años secos, cuando nos preocupamos por el racionamiento del agua.

· · ·

Nuestra principal preocupación es cómo el clima podría afectar nuestros planes ("¿Lloverá hoy durante el partido de fútbol de los niños?").

La mayoría de los estadounidenses viven en zonas urbanas o suburbanas.

Los apartamentos urbanos quizás tengan un pequeño balcón o patio sin plantas. Las casas suburbanas se ubican en lotes pequeños con una ficha en el patio trasero. Si bien las prácticas de construcción que reducen la expansión urbana y suburbana son buenas, debemos tener en cuenta cómo todo esto afecta nuestra salud y encontrar formas de compensarlo cuando sea necesario.

Hasta la Revolución Industrial (hace apenas 200 años), la mayoría de los seres humanos vivían en estrecha proximidad con la naturaleza. A medida que avanzamos de una sociedad agrícola a una industrial y luego a una sociedad posmoderna/de servicios/oficinas, continuamos alejándonos de la naturaleza y perdemos nuestro enfoque en quiénes somos. La consecuencia última es la separación de nosotros mismos y de nuestro mundo.

· · ·

Cuando muchos de nosotros intentamos volver a la naturaleza, lo hacemos con la comodidad de las comodidades modernas: una caravana con refrigerador, televisor de pantalla plana, computadora inalámbrica y una cama lujosa. Si bien un vehículo recreativo puede ser una buena manera de ver el mundo durante la jubilación, no es la mejor manera de disfrutar de la naturaleza. No podemos escapar de nuestra artificialidad si la llevamos con nosotros.

La comida que comemos se ha vuelto igualmente antinatural. A medida que nos distanciamos de los lugares donde se cultivan o cultivan los alimentos, a medida que comemos cada vez más productos manufacturados y preparados, olvidamos cómo se supone que debe saber la comida real. El pollo es un buen ejemplo.

Al crecer en la zona rural de Oregón, Cecilia tuvo la ventaja de comer verduras, huevos y pollos frescos de granja. Ella sabe a qué saben los pollos camperos y se parecen poco a las monstruosidades que pueblan las tiendas de comestibles de hoy. Si más personas supieran a qué sabe el pollo real, estarían menos inclinadas a decir que la comida exótica sabe a pollo.

Esta no es sólo la experiencia de Cecilia. Una vez enseñó a un estudiante japonés que se quejaba de que los pollos americanos tenían poco sabor. Los otros estudiantes de la clase desestimaron su observación y opinaron que se supone que los pollos no tienen mucho sabor. El estudiante japonés protestó diciendo que los pollos japoneses son muy sabrosos y reveló que su abuela criaba los pollos que comía su familia. Todos en la clase finalmente estuvieron de acuerdo en que la verdadera diferencia no son los pollos japoneses versus los americanos, sino los pollos frescos y naturales de granja versus los criados comercialmente y procesados.

Hoy en día estamos tan alejados del mundo natural que ya ni siquiera sabemos cómo se ve, huele o sabe. Nuestros entornos fabricados y las conexiones perdidas con la naturaleza nos están matando lentamente, momento artificial estresante tras momento artificial estresante. Honestamente, nos preguntamos cuánto más fácil sería comer bien y evitar la comida chatarra si tuviéramos disponibles alimentos frescos, de cosecha propia y de buena calidad.

¿Estamos sugiriendo mudarnos a una zona rural o incluso hacer un viaje de siete días como mochilero por la naturaleza? No, aunque quizá eso no haga daño. Nuestra esperanza es crear conciencia sobre lo lejos que estamos del mundo natural y las consecuencias de esa distancia.

Tomarse el tiempo para reconectarse con la naturaleza es fundamental para encontrar el equilibrio y recuperar la energía perdida.

ACTIVIDAD Y EJERCICIO

La actividad física regular es esencial para una buena salud.

Los expertos recomiendan que los adultos hagan ejercicio o realicen otras actividades rigurosas durante un mínimo de 30 minutos al día.

Es comprensible que a los médicos les preocupe que la mayoría de los estadounidenses no estén cumpliendo con este objetivo.

Todos apreciamos el hecho de que la actividad física mejora la capacidad aeróbica, reduce la obesidad y fortalece la autoestima. Todos sabemos que necesitamos hacer ejercicio, pero la mayoría de nosotros no lo hacemos. O lo hacemos por un tiempo y luego volvemos a caer en viejos y ociosos hábitos.

La mayoría de los estadounidenses han comprado al menos un equipo de ejercicio o fitness, siempre con las mejores intenciones, solo para terminar en el armario, el garaje o el almacén en perfectas condiciones por falta de uso. En un paseo por una tarde soleada por nuestro vecindario, no podemos dejar de notar los garajes abiertos que revelan cintas de correr, artilugios de levantamiento de pesas, escaleras y otros equipos cuidadosamente doblados, todos silenciosos testimonios de las acciones fallidas de sus dueños.

Montones incontables de DVD de ejercicios aeróbicos, yoga y fitness, vistos varias veces, ahora viven en el fondo de armarios abarrotados. Mientras tanto, los propietarios de los equipos de fitness guardados y de los DVD de fitness ocultos ven deportes en la televisión.

Algunas personas logran hacer ejercicio con regularidad.

Una de las anteriores compañeras de cuarto de Cecilia, Betty, se levantaba fielmente a una hora intempestiva todas las mañanas de los días laborables y conducía hasta la universidad local para nadar una o dos millas antes de enseñarle a las 8:00 am. clase. ¿Se tomó un descanso los fines de semana? De ninguna manera. Al menos una caminata vigorosa cada día. En un notable viaje de esquí de fondo, Betty logró sin esfuerzo superar a todos los hombres (incluso a los esquiadores más ávidos y en forma), quienes cayeron exhaustos después de murmurarle a Cecilia: "¡Tu compañera de cuarto está en muy buena forma!"

. . .

Y luego está Jorge, que hace calistenia a diario y camina o trota religiosamente seis o siete días a la semana. Uno podría pensar que después de haber conocido a dos excelentes modelos a seguir durante más de 20 años, algo de esto se le habría contagiado a Cecilia. No hubo tanta suerte.

En la oficina de Cecilia hay una cinta de correr en excelentes condiciones, aunque cubierta de polvo, y una pequeña y ordenada fila de pesas en colores brillantes y atractivos. Los DVD de ejercicios que combinan aeróbicos y pesas libres esperan pacientemente en algún lugar de su armario.

La cuestión es que algunos de nosotros, muy pocos, logramos fácilmente hacer del fitness una rutina parte de la vida. El resto de nosotros tenemos que trabajar mucho más duro.

La mayoría de las personas asocian el ejercicio con la pérdida de peso y lo consideran su objetivo principal. Es cierto que la mayoría de los estadounidenses necesitan perder peso. Pero los objetivos más importantes deberían ser mejorar la salud, prevenir enfermedades y sentirse mejor.

. . .

Algunos de nosotros somos genéticamente más propensos a desarrollar enfermedades cardíacas y diabetes, pero una alimentación saludable y el ejercicio diario mejoran las probabilidades de que disfrutemos de una vida larga.

El padre de Cecilia, Doroteo, está predispuesto al colesterol alto y a enfermedades cardíacas, pero siempre ha seguido una dieta baja en grasas y con abundantes verduras frescas de cosecha propia. Doroteo también ha trabajado en trabajos que requieren una actividad física considerable.

Cuando finalmente desarrolló una afección cardíaca, Doroteo se quejó con su cardiólogo diciendo que había hecho todo lo que decían los expertos pero que de todos modos desarrolló la afección cardíaca.

Su cardiólogo respondió bruscamente que Doroteo había añadido 25 buenos años con hábitos saludables de por vida y pospuso su cirugía de bypass 30 años. Nada mal.

Cuando estamos desequilibrados y no ejercitamos nuestro cuerpo, podemos desarrollar trastornos prevenibles. Numerosos casos de enfermedades cardíacas, diabetes y cáncer son, de hecho, "enfermedades de elección". Al no hacer lo necesario para una buena salud, sin darnos cuenta elegimos la enfermedad. Sí, muchas enfermedades tienen un componente genético o una causa viral. Pero nuestro estilo de vida también puede contribuir mucho a provocar o prevenir multitud de problemas.

Sin duda, una vida físicamente activa es una vida saludable. La gente no debería quedarse inactiva. Las articulaciones necesitan flexionarse, los músculos deben contraerse, los tendones y ligamentos deben estirarse y la sangre debe circular. El cuerpo humano está bellamente diseñado para moverse y no permanecer sentado durante períodos prolongados. Los cardiólogos y otros especialistas se dan cuenta de esto y ahora normalmente exigen que sus pacientes se levanten y caminen lo antes posible después de la cirugía.

La mejor manera de hacer ejercicio es hacer más de lo que ya disfruta. Aprovecha las oportunidades para aumentar tu frecuencia cardíaca. Si te gusta la música, intenta bailar en tu apartamento o casa.

Si trabaja en un edificio de oficinas, intente utilizar las escaleras en lugar del ascensor. A medida que su cuerpo se acostumbre a la actividad adicional, su resistencia mejorará.

También dormirás mejor y te sentirás más joven.

· · ·

Los dos principales obstáculos para hacer ejercicio son comenzar y continuar con él. Así que tienes que ser sincero contigo mismo y elaborar un plan que te motive. Cecilia descubre que es menos probable que utilice la cinta de correr después de descuidarla. Lo que ella hace en cambio es pasear a nuestro perro. Este es un ejercicio agradable.

Aumenta la duración y la frecuencia de las caminatas y luego le resulta más fácil volver a la cinta porque ha recuperado el hábito de hacer ejercicio.

Afortunadamente, nuestro perro es bastante bueno con la rutina. Si Cecilia se olvida de acompañarlo, Andre seguramente le dirá algo sobre eso. La conclusión es: 1) Cecilia comienza con un nivel apropiado de actividad para sentirse mejor después de hacer ejercicio, y 2) establece objetivos escritos específicos ("Voy a pasear al perro cada dos días esta semana") en lugar de que sean vagos ("Sería bueno pasear al perro alguna vez").

UNA NOCHE DE SUEÑO REPARADOR

· · ·

Es después de un largo día cuando necesitamos relajarnos y disfrutar de una noche de sueño reparador y tranquilo. Pero cuanto más agotados y desequilibrados estemos, más problemas podemos tener para conciliar el sueño y mantenernos dormidos. El estrés del día puede fácilmente mantenernos dando vueltas y vueltas hasta las primeras horas de la mañana.

Los expertos recomiendan dormir al menos ocho horas cada noche, aunque a muchos de nosotros nos resulta difícil incluir tanto sueño en nuestras apretadas agendas. Jorge cree que una siesta ocasional puede ayudar. Siempre que es posible, le gusta tomar una siesta de 15 minutos después del almuerzo para obtener una rápida explosión de energía.

Algunas sugerencias adicionales para dormir son de puro sentido común. Evita las bebidas con cafeína, los dulces y las comidas copiosas por la noche. No realices actividades físicas intensas, como ejercicio aeróbico, demasiado cerca de la hora de acostarse. Mantente alejado de pantallas de computadora y televisores brillantes durante unas horas antes de acostarte. Asegúrate de que tu colchón y almohada sean cómodos. Y usa tu cama para dormir, no para mirar televisión, escuchar la radio o leer el correo electrónico. ¡Ideas simples que funcionan!

. . .

Las personas que no pueden dormir pueden recurrir a medicamentos sedantes para aliviarse. Estos deben tomarse durante no más de unas pocas semanas y sólo bajo supervisión médica.

Otros prefieren tomar hierbas para inducir el sueño.

Tres de los más utilizados son la valeriana, la kava kava y la manzanilla. Sin embargo, ten cuidado. Debido a que los suplementos a base de hierbas no están regulados de la misma manera que los medicamentos, hay que tener cuidado con la calidad y la seguridad. Aunque las hierbas se pueden comprar en casi cualquier tienda naturista, recomendamos encarecidamente adquirirlas de un profesional de la salud autorizado y de buena reputación. Compra únicamente, como mínimo, fórmulas y remedios herbales de marca. Finalmente, habla con tu médico antes de tomar hierbas o suplementos naturales, especialmente si ya estás tomando medicamentos recetados.

El sueño no siempre llega rápidamente. A medida que practique calmarse y controlar tu pensamiento, te resultará cada vez más fácil desarrollar patrones de sueño saludables.

¡Piénsalo, no más noches de insomnio contando ovejas!

Replantear el diálogo interno negativo es un excelente primer paso para encontrar el descanso que necesita.

FELICIDAD

Adoptar hábitos saludables puede hacer mucho para brindarle felicidad y energía verdaderas y duraderas. El camino es tuyo. Una vida placentera está a tu alcance cuando eliges el equilibrio, la sencillez y el bienestar.

Consejo energético para hoy

Realiza actividad física durante 30 minutos cada día. Puedes caminar, trotar, bailar, saltar la cuerda o hacer tareas domésticas o de jardín, lo que quieras. Lleva un diario de lo que sucede con tus niveles de energía. Asegúrate de iniciar cualquier actividad o ejercicio nuevo.

3

Alimenta Su Cuerpo

No hace falta que te recordemos que la comida rápida no es comida saludable. Ya sabes que esas hamburguesas y papas fritas tienen demasiada grasa y sodio, lo que puede provocar obesidad, colesterol alto, enfermedades cardíacas, diabetes y muchos otros problemas. Pero, ¿cómo afecta la dieta a los niveles de energía?

En el último capítulo comenzamos nuestra discusión sobre prácticas de estilo de vida saludables diseñadas para ayudarlo a encontrar el equilibrio. Ahora abordaremos algunos de los muchos peligros de la dieta estadounidense típica y sugeriremos cambios que puedes realizar para mejorar tu salud.

BUSCANDO COMIDA EN TODOS LOS LUGARES EQUIVOCADOS

. . .

Como mencionamos en el capítulo 2, durante mucho tiempo nos ha preocupado la distancia entre el estadounidense promedio y su comida. Nos complace ver que se está produciendo una especie de revolución a nivel nacional con documentales y defensores de alimentos saludables que aumentan la conciencia de la sociedad sobre las fuentes de alimentos.

Tener disponible y comer comida local fresca y ser un locavore ya no es un fenómeno costero de moda, sino una expectativa cada vez más generalizada. Además, cada vez más reguladores exigen que el contenido de calorías, grasas y sodio se incluya en los menús o se ponga más fácilmente a disposición de los clientes. Manteniéndote a la vanguardia, muchos restaurantes ofrecen opciones locales y saludables como platos centrales del menú.

Todo eso suena como una gran noticia, pero los estadounidenses engordan cada vez más. El escenario es muy familiar. Estás cansado de un largo día de trabajo. Son casi las 5:00 p. m. y aún necesitas recoger a tus hijos de la práctica de fútbol. Por la mañana tenías toda la intención de preparar la cena, pero ahora lo estás pensando mejor: "Estoy agotado. Tendré que comprar comida para llevar esta noche", te dices a ti mismo. "De todos modos, a los niños les encantan las tiras de pollo y papas fritas. Cocinaré mañana." Así que llamas y haces tu pedido, y te espera en la ventanilla de comida para llevar por enésima vez este mes. Tal vez los adolescentes del restaurante incluso te conozcan por tu nombre.

Según nuestra experiencia, demasiados estadounidenses frecuentan restaurantes con regularidad. Y lo hacen por todas las razones equivocadas: quieren comodidad, no planifican con anticipación o están demasiado ocupados para cocinar. Si bien comer comidas preparadas puede ser conveniente, el consumo habitual de alimentos industriales es contraproducente a largo plazo.

Pero, podrías protestar, comes las opciones más saludables. Lamentablemente, las comidas promocionadas como nutritivas no siempre son tan virtuosas como podrían parecer a primera vista. Muchos de ellos, que lucen exuberantes y frescos, están cargados de cantidades nocivas de grasa y sodio. Se necesita investigación para saberlo con seguridad.

En resumen, lo que los restaurantes anuncian que está o no en sus comidas puede no ser lo que realmente comes.

Grasas

. . .

Quizás ningún tema nutricional sea más confuso que el de las grasas: cuáles se deben comer y cuáles se deben evitar.

Hoy en día, la mayoría de la gente cree que todas las grasas son malas. Esta idea demasiado simplificada no es cierta. El cuerpo humano necesita grasas para producir energía y hormonas. Sin grasas la vida humana sería imposible.

El problema ocurre cuando consumimos demasiadas grasas inadecuadas y pocas de las adecuadas. Las grasas saludables son grasas insaturadas, específicamente grasas poliinsaturadas y monoinsaturadas, términos muy discutidos y que ahora aparecen en las etiquetas de los alimentos. Estas grasas reducen las LDLS (lipoproteínas de baja densidad), también conocidas como "colesterol malo", y proporcionan energía saludable. Las grasas insaturadas se encuentran en las aceitunas, las nueces, las semillas y los aceites de canola y girasol. Las investigaciones han demostrado que las personas que comen alrededor de dos onzas de nueces por día son más capaces de mantener un peso saludable. Las nueces se pueden disfrutar como refrigerio, agregar como guarnición a ensaladas o platos de arroz, o usarse para cubrir pollo o pescado al horno.

. . .

Las grasas saturadas y trans hacen lo contrario. Estas grasas aumentan el LDLS, es decir, el colesterol malo. Se encuentran en la carne, las aves, los huevos, los mariscos y los aceites de coco y palma, así como en productos horneados comercialmente que contienen estos ingredientes o fueron fritos en grasa. Para hacer las cosas aún más confusas, los productos lácteos contienen grasas saturadas en forma de ácido esteárico.

Esta es una situación única en que la mayor parte del ácido esteárico digerido se convierte en grasa monoinsaturada. Por lo tanto, las grasas de los productos lácteos probablemente no sean tan preocupantes, aunque las calorías totales aún cuentan. En otras palabras, los productos lácteos con moderación pueden adaptarse muy bien a un estilo de vida saludable.

¿Cuál es el resultado final para nuestros resultados y nuestra energía? Al tomar decisiones sobre qué comer, limita el total de calorías provenientes de grasas. Las calorías que consumas deben ser en su mayoría del tipo insaturado.

¿Cómo se relaciona esto con la energía? Cuando comes demasiadas calorías, el cuerpo almacena el exceso para utilizarlo en el futuro. El peso adicional literalmente te pesa.

. . .

Prueba este experimento. Busca una mochila y coloca en ella una bolsa de harina o azúcar de 10 o 20 libras. Usa la mochila durante unas horas mientras realiza tareas domésticas o hace ejercicio. ¿Qué tan rápido te cansas de cargar con ese peso extra? Ten en cuenta que prácticamente no hay diferencia entre 10 libras de harina y 10 libras de grasa.

Podrías pensar que tener un peso excesivo te ayudaría a quemar más calorías, ¿verdad? Lo siento.

Ese peso extra te hace más lento, lo que te tienta a ser menos activo y comer más grasas y azúcares. Un círculo vicioso te impulsa a usar jeans de tallas aún más grandes.

¿Suena familiar?

La manera de romper este ciclo y recuperar tu energía no es a través de un doloroso camino de abnegación. Es mediante la liberación de grasas saludables. Por ejemplo, no nos negamos el lujo de consumir mantequilla que, contrariamente a la creencia popular, contiene principalmente grasas insaturadas. ¿Lo usamos a diario? No, porque todavía tiene grasas saturadas y muchas calorías. La cuestión es que disfrutamos de la mantequilla, pero la usamos con moderación y prudencia para darle sabor y variedad.

Carbohidratos

Así como el cuerpo necesita grasas, también necesita carbohidratos. Y así como las grasas han recibido mala fama, también lo han hecho los carbohidratos. Analicemos esto y veamos qué tiene que ver con el equilibrio y la energía.

Los carbohidratos a menudo se clasifican en simples o complejos.
Los carbohidratos simples son azúcares en forma de sacarosa, fructosa y glucosa. Estos se encuentran en dulces, pasteles, galletas y refrescos. Los carbohidratos complejos son almidones dietéticos. Estos se encuentran en legumbres, frutas, verduras, panes y pastas integrales.

Una buena regla general es que cuanto más se procesan y refinan los alimentos, más carbohidratos simples tienen. El arroz blanco y la harina, por ejemplo, contienen más carbohidratos simples que el arroz integral y la harina integral.

. . .

¿Qué tiene esto que ver con el equilibrio y la energía?

Absolutamente todo Los carbohidratos son la principal fuente de combustible del cuerpo humano. Específicamente, las células necesitan una forma de azúcar, la glucosa, para funcionar. Durante la digestión, los carbohidratos se descomponen en glucosa para este uso. Sin embargo, no puedes simplemente comer los carbohidratos que quieras para obtener energía adicional.

El sistema digestivo humano funciona mejor cuando se comen carbohidratos complejos, como cereales integrales y verduras con fibra. Debido a que estos alimentos son literalmente más complejos, el sistema digestivo tarda más en procesarlos.

La diferencia más importante está relacionada con el páncreas, que produce una liberación lenta y constante de insulina en respuesta a los carbohidratos complejos. El cuerpo recibe la energía que necesita en un suministro igualmente constante. Todo está en equilibrio.

¿Qué sucede cuando comes azúcar simple, como una barra de chocolate o una rebanada de pan blanco? En lugar de un suministro constante de insulina, tu sistema recibe una ráfaga de insulina. Esto hace que tu cuerpo queme demasiada glucosa, lo que hace que sus niveles bajen. Cuando esto sucede, la inclinación habitual es tomar otro carbohidrato simple para un rápido estímulo, y el ciclo comienza de nuevo.

Este efecto yo-yo ya es bastante malo, pero ocurre algo aún más dañino. La insulina se conoce como la "hormona de almacenamiento de grasa". Recurrir a carbohidratos simples no sólo te coloca en una montaña rusa de energía, sino que también hace que tu páncreas libere insulina adicional que te hace ganar peso. Ha agregado calorías vacías y ha activado un sistema eficiente para guardarlas.

La clave para romper este ciclo es aprender a reconocer y evitar los carbohidratos simples siempre que sea posible. Es cierto que reemplazarlos puede resultar más complicado.

Pero en términos de equilibrio y energía, elegir carbohidratos complejos es fundamental.

Como se destacó anteriormente en este capítulo, agregar verduras y frutas frescas a su dieta es una idea excelente. Las frutas tienen carbohidratos simples, pero consumir frutas enteras con su fibra en lugar de solo el jugo proporciona los beneficios de los carbohidratos complejos. Este es un gran ejemplo de cómo centrarte en lo que puedes agregar en lugar de retirarlo para disfrutar de comidas saludables y saladas. También se pueden disfrutar otros alimentos ricos en carbohidratos complejos, como arroces salvajes y panes y pastas integrales. Estos lo satisfarán y sustentarán por más tiempo.

Lo más importante es aprender a prestar atención a dónde y cuántos azúcares simples nocivos para la salud se esconden en los alimentos cotidianos. ¿Has mirado la etiqueta nutricional de un refresco para ver cuánta azúcar hay en tan solo 12 onzas? Entre 38 y 48 gramos. Eso es más azúcar de lo que deberías consumir en un día entero. También contiene más azúcar que la que hay en una rebanada promedio de tarta de queso fina. ¿Y esas bebidas monstruosas que se venden en los mercados rápidos de las gasolineras?

Contienen más de tres veces la cantidad de azúcar de un día entero. A ese ritmo, podrías comer tres o cuatro rebanadas de tarta de queso y aun así consumir menos azúcar.

Lo que los estadounidenses han llegado a consumir habitualmente como bebida con cada comida puede considerarse fácilmente como un postre líquido.

Pero tú podrías decir: "Bebo refrescos dietéticos".

. . .

Desafortunadamente, esta no es la solución. Varios investigadores han llegado a la conclusión de que los refrescos dietéticos son más dañinos que los azucarados. Si bien aún no se sabe exactamente por qué estas bebidas son tan problemáticas, los expertos generalmente coinciden en que las personas no deben consumir más de una o dos bebidas dietéticas por semana. No tener ninguno es preferible para una buena salud. En lugar de refrescos, intente disfrutar de té o café en cantidades razonables. Estos son alimentos reales que incluyen antioxidantes y otros compuestos saludables. Eso sí, ten cuidado de no sobrecargarlos con edulcorantes artificiales o aditivos cargados de calorías.

Carne

La prosperidad estadounidense ha contribuido claramente a nuestra inclinación por grandes porciones de carne. Pero nuestra buena suerte también ha sido nuestra perdición.

En otras culturas, desde la mediterránea hasta la asiática y sudamericana, la carne se come como condimento y se corta en trozos más pequeños para saltear u otros platos.

. . .

Además, estas culturas suelen utilizar muchos más condimentos para hacer que la carne sea rica y deliciosa.

En la mayoría de los casos, particularmente en las culturas asiáticas, la regla son tasas más bajas de enfermedades cardíacas y otras enfermedades porque rara vez se encuentran recetas que requieran grandes trozos de carne. La dieta mediterránea, que utiliza poca carne, ha sido considerada la más saludable del mundo.

No estamos diciendo que debas volverte vegetariano o vegano, aunque algunos de nuestros estimados y saludables amigos sí lo son. Pero demasiada carne, incluso la carne magra, conlleva demasiada grasa. La carne también puede acabar desplazando otros nutrientes. Busca recetas que se basen en carne en cantidades más pequeñas y en combinación con diversos alimentos que aporten cantidades adecuadas de proteínas.

Aquí tienes una opción. Si pones unos cuantos gramos de carne en tu plato para la cena, te sentirás privado. Usa esa misma cantidad de carne en un salteado.

O use la misma cantidad de pollo en una ensalada de pollo tandoori o disfrútelo con un wrap de verduras. No te sentirás privado en absoluto. La comida es completa y deliciosa. Por supuesto, no vemos nada malo en una cena ocasional de bistec de primera calidad. Pero una comida así debería ser la excepción y no la norma.

UN NUEVO ENFOQUE

Puedes elegir ver tus opciones de comida como limitantes y aburridas, o puedes elegir verlas como liberadoras y emocionantes. No tienes que sacrificar el placer de una comida deliciosa. Ciertamente no lo hacemos. Todo se reduce a explorar y estar abierto a nuevas posibilidades.

Sabemos lo que funciona porque lo hacemos. Comemos bien, disfrutamos nuestra comida y mantenemos el equilibrio. La nuestra no es una fórmula rápida para una explosión instantánea de energía. Lo nuestro no es algo que hacer durante unas semanas para solucionar un problema y luego volver a la vida normal. Más bien, el nuestro es un proceso de por vida de cambiar pequeños hábitos diarios que suman grandes diferencias. Todo comienza prestando atención a qué tipo de combustible estamos poniendo en nuestro cuerpo y aprendiendo si es del tipo que proporciona energía saludable y sostenida.

Pensando por adelantado

· · ·

Trabajas duro todo el día y estás cansado. La comida en casa está congelada o no estás seguro de tener todos los ingredientes para hacer el plato saludable que deseas. Lo más probable es que tu cónyuge y tus hijos tengan citas, juegos y lecciones, y tu tengas prisa por comer algo. No tienes idea de qué arreglar y no tienes tiempo para hacerlo.

En nuestro mundo apresurado e instantáneo, la comida rápida y la comida para llevar son alternativas convenientes cuando estamos cansados y estresados. Estas opciones se convierten en un problema cuando recurrir a ellas ocurre varias veces por semana. No pasa mucho tiempo antes de que ese hábito se convierta en una rutina y afecte tu salud y energía.

Para romper el ciclo de tomar una hamburguesa, hay que pensar en el futuro. Estamos convencidos de que el primer paso para llevar una dieta más saludable es la planificación del menú. Y para poder planificar es necesario contar con los recursos adecuados. Toma el dinero que gastaría en salir a comer e invierte en libros, utensilios de cocina y utensilios de calidad. No podemos subrayar lo suficiente la importancia de tener un buen equipo.

· · ·

Recomendamos tener algunos libros de cocina básicos. Una librería decente venderá muchos libros de tapa blanda y dura escritos para un estilo de vida moderno. Cuando busques libros de cocina fáciles y rápidos, selecciona aquellos que se centren en comidas frescas, orgánicas y nutritivas, y evita aquellos que se limiten a alimentos preparados, procesados e industriales con alto contenido de sal, grasas y productos químicos, lo que frustrará su propósito. Esto significa que debes evitar libros y recetas que dependan de productos enlatados o empaquetados cargados de sodio, grasas saturadas, conservantes químicos, colorantes artificiales y otros ingredientes nocivos para la salud.

También recomendamos suscribirte a una revista sobre alimentación saludable. Esto logra objetivos importantes.

Primero, recibe un recordatorio mensual para que coma de manera nutritiva. En segundo lugar, aprendes sobre nuevas recetas para evitar estancamientos. En tercer lugar, apaga la televisión para disfrutar de una noche de lectura, una recompensa por una vida equilibrada.

Una vez que tengas tus revistas sobre alimentación saludable y otros recursos, reserve tiempo cada semana para trabajar en sus menús. No tiene por qué ser un proceso rígido y gradual de planificación y alimentación.

De hecho, si se hace correctamente, la planificación del menú puede ser una forma agradable y flexible de abordar las comidas.

Explorador

Regularmente disfrutamos probando platos nuevos. Cuantas más opciones saludables tengamos, menos tentados nos sentiremos por las que no son saludables. También buscamos nuevas formas de preparar y condimentar alimentos nutritivos para sentirnos complacidos con las comidas habituales. Esto lleva un poco de tiempo por adelantado, pero la recompensa es mejor comida, menos estrés y más energía.

Para nuevas recetas, Cecilia busca libros de cocina y sitios web con opciones de cocina más saludables. Luego se relaja, los lee y busca recetas que cree que nos gustarán.

Hoy, más que nunca, hay recursos e ingredientes disponibles para experimentar con muchas cocinas y combinaciones de sabores. La mayoría de las recetas en línea tienen calificaciones, comentarios e ideas que pueden resultar de gran ayuda para elegir nuevas recetas y mejorarlas. Existen muchos consejos valiosos a medida que exploras formas más saludables de comer.

Planificación de menús y compras

La planificación del menú también es más fácil hoy en día.

Abundan los recursos en línea. Recomendamos buscar y permanecer en uno o dos sitios web de calidad. Muchos sitios le permitirán buscar entre sus recetas, guardar las que le interesen en su archivo de recetas personal y crear listas de compras a las que podrá acceder desde tu teléfono inteligente.

Busca recetas que incluyan ingredientes frescos, carnes magras y porciones razonables. Raquel Ramírez, en particular, recientemente comenzó a centrarse en opciones más saludables que utilizan ingredientes frescos. Por supuesto, ella es la campeona en la planificación y preparación de comidas de 30 minutos. Raquel Ramírez tiene libros de cocina y recomendaciones en línea, siendo su trabajo más reciente uno de los mejores.

Nos gustan estos recursos porque brindan recetas saludables que no sacrifican el maravilloso sabor y textura de los alimentos. Renunciar a las buenas comidas sería demasiado extremo. Estamos destinados a comer y disfrutar nuestra comida. El problema es el desequilibrio: cuando algo bueno en exceso ya no es bueno para nosotros. Lo que demuestran recursos como estos es la mejor comida: fresca, sabrosa y sin culpa. En balance.

Con un número casi ilimitado de recetas disponibles en libros y sitios web, nos gusta comenzar con lo que está en oferta, en nuestra cocina o en nuestro jardín. Por ejemplo, si Cecilia compró pollos o gallinas de Cornualles en oferta la semana anterior, o si los pimientos morrones abundan en el jardín, busca recetas que incluyan esos ingredientes. A menudo se trata de que Cecilia busque recetas familiares, no necesariamente de encontrar otras nuevas.

Al planificar el menú, Cecilia elige las comidas que funcionarán mejor en días específicos. Ella considera que las recetas difíciles son más adecuadas para los fines de semana, mientras que las fáciles son más adecuadas para los días laborables. También tiene cuidado de tener a mano sus recetas saludables favoritas. Probar demasiados platos nuevos puede resultar estresante en sí mismo.

Los fines de semana, a Cecilia le gusta preparar comidas más abundantes que servirán como sobras (no sobras) para almuerzos o cenas rápidas durante la semana. Las planificaciones excesivas son especialmente apreciadas en esos días más ocupados, cuando se siente tentada a ceder ante opciones menos saludables. En lugar de un pollo, podría considerar asar dos: uno durante una noche entre semana y el otro durante un fin de semana. Luego usará los huesos de pollo para hacer caldo.

En toda esta planificación, una regla absoluta para el control del peso y la gestión de la energía es no saltarse nunca una comida. Esto incluye el desayuno, la comida más importante del día.

Disfrutando

Como Cecilia ha planificado y preparado con anticipación, no tiene que preguntarse: "¿Qué cenaremos esta noche?"

Todo lo necesario para preparar comidas saludables está en la despensa o en el refrigerador. Después de un largo día no tiene que pensar ni preocuparse por cocinar. La receta, los ingredientes y el equipo están listos para funcionar. Aproximadamente entre 15 minutos y una hora después de llegar a casa, comeremos una cena deliciosa y saludable. Limpiamos la cocina juntos y luego leemos o nos relajamos hasta la hora de dormir.

. . .

¿Suena demasiado bueno para ser verdad? La clave del éxito es tomarse una hora cada semana para planificar con anticipación, de modo que no tenga que volver a pensar en ello durante varios días. Una vez que hayas experimentado la reducción del estrés que implica tener alimentos deliciosos y saludables planificados y preparados en casa, querrás hacerlo la próxima semana, y la siguiente, y así sucesivamente.

Esto significa que pronto establecerá hábitos alimentarios sensatos. En lugar de detenerte a comprar comida para llevar porque ya es demasiado tarde para hacer otra cosa, llegarás a casa menos estresado sabiendo qué hay para cenar.

No todas las semanas salen perfectamente como esperábamos y rara vez comemos todas las comidas exactamente como Cecilia las planeó. Podríamos cambiar el almuerzo o la cena porque teníamos planes inesperados. O tal vez nuestros horarios cambiaron. La planificación del menú de Cecilia nos hace más capaces para afrontar lo inesperado. Es más fácil hacer cambios en un plan que no tener ningún plan.

Lo creas o no, a veces decidimos intencionalmente salir a comer. ¿Pero eso no va en contra de todo lo que hemos estado diciendo? No. Nuestro objetivo es mantener el equilibrio sin privarnos. Confesaremos que tenemos debilidad por la comida mexicana, y no nos referimos a la saludable. A veces simplemente queremos comerlo. Y con una buena planificación del menú, podemos equilibrar el disfrute de una comida rica en grasas para que nuestra alimentación en general siga siendo saludable.

Específicamente, si comemos un almuerzo rico en grasas, comemos una cena baja en grasas o sin grasa, como un plato de frutas o una ensalada grande con vinagreta balsámica. Ligera, saludable y deliciosa. Nuestra ingesta de grasas y calorías es un promedio de lo que debería ser durante todo el día. Podemos comer una comida rica en grasas de vez en cuando y no sentirnos culpables ni por un minuto porque nuestro estilo de vida general se mantiene en equilibrio.

También reconocemos que hay ocasiones en las que la comida rápida puede ser la única alternativa, como cuando se viaja o se asiste a un almuerzo de negocios informal. Para estas ocasiones nos esforzamos en descubrir qué comida rápida es la alternativa más saludable. Todas las cadenas de restaurantes están obligadas a tener información nutricional disponible. Si quieres tomar decisiones más saludables, no asumas nada. Pregunta a tus franquicias locales por sus datos nutricionales o búsquelos en línea.

Si bien ciertas cadenas de restaurantes promocionan fuertemente sus menús bajos en grasas como un medio para perder peso, desaconsejamos enfáticamente los alimentos industriales como pilar de la dieta. La salud se logra a través del equilibrio. Tus comidas pueden ser agradables para variar, pero no pueden sustituir una forma de comer nutritiva.

Cocción lenta y cocción a presión

Si piensas en una olla de cocción lenta como una reliquia de décadas pasadas o una olla a presión como monstruo humeante al que temer, es hora de reconsiderar ambas y hacerse con al menos una de cada. Estos dispositivos le ahorrarán mucho tiempo y frustración.

Aunque la mayoría de las ollas de cocción lenta más antiguas todavía están en buen estado de funcionamiento, vale la pena invertir en una nueva por las funciones actualizadas, como temporizadores y funciones de cocinar y mantener. Estas características le permiten la máxima flexibilidad. Puedes empezar a cocinar todo por la mañana y llegar a casa con la cena lista para comer. La olla prepara la comida mientras estás fuera y la mantiene caliente sin cocinar demasiado.

. . .

Preferimos recetas en línea y libros más nuevos con información sobre tamaños y técnicas de cocina. Muchos maravillosos veteranos de las ollas de cocción lenta tienen ideas para compartir que les permitirán ahorrar tiempo.

Hacer el esfuerzo de encontrar estos consejos y utilizar lo que funcione para tus gustos y los de tu familia te recompensará con creces.

Mientras que la olla de cocción lenta hace el trabajo todo el día, la olla a presión lo hace en minutos.
 Si aún no tienes una olla a presión, te recomendamos comprar una nueva y aprender a usarla.

Las ollas a presión de última generación no se parecen en nada a las de años pasados. Sin piezas sueltas ni temores de explosiones. ¡Y no dejes que un poco de vapor silbante te intimide!

Una olla a presión no solo reduce en gran medida los tiempos de cocción, particularmente en altitudes superiores a 3500 pies, sino que también retiene más nutrientes que se pierden hasta cierto punto cuando se cocina al vapor o se hierve. Cecilia apenas presiona las verduras, libera rápidamente la presión y cocina todo hasta que esté tierno y crujiente para retener la mayoría de los nutrientes. ¿La mejor parte? Todo el proceso lleva sólo unos minutos.

Algunos alimentos, como las patatas, tardan un poco más.

Nos resultaría mucho más difícil preparar comidas sin una olla a presión. Los tiempos de cocción se pueden reducir de 55 a 17 minutos, lo que hace que sea fácil conseguir opciones más saludables en una noche ocupada entre semana. Hemos comprado excelentes libros y recetas de ollas a presión para una amplia variedad de alimentos.

Así que piensa en esto como una oportunidad para experimentar y divertirte preparando almuerzos y cenas saludables.

Agua potable

Queremos recordarte que bebas agua todos los días. El cuerpo humano está compuesto principalmente de agua, lo que significa que debes beber mucha cantidad de este elixir para que tu interior funcione sin problemas. No beber suficiente agua puede provocar deshidratación, estreñimiento, indigestión ácida, piel seca, dolores de cabeza, dolores de espalda y muchos otros problemas.

Mientras los expertos debaten exactamente cuánta agua es suficiente, nosotros recomendamos beber para satisfacer la sed y algo más. Si vives en un clima cálido como nosotros, es aún más importante beber cantidades adicionales de agua. Si no te gusta el sabor del agua del grifo, intenta agregar un poco de limón para mejorar el sabor del agua. O quizás considere agua filtrada o mineral.

BOCADILLOS Y MUNCHIES

Todo el conteo de calorías y la planificación de menús saludables del mundo son inútiles si se desperdician con refrigerios poco saludables. Recientemente, una mujer compartió con nosotros cómo no pudo resistirse a una bolsa gigante de papas fritas en su despensa. Se comió todas las patatas fritas. Luego, salió y compró un bolso de repuesto para que su marido no se enterara. También conocemos a personas que confiesan haberse atiborrado de cajas enteras de galletas, cartones de helado y cosas peores.

. . .

Todo el mundo tiene ganas de comer. Hemos ideado estrategias de refrigerios para mantener el equilibrio sin sentirnos privados. De hecho, picar algo es una buena opción cuando estamos cansados o con hambre entre horas.

Jorge es un snacker infame. Incluso se refiere a sí mismo como un pastor porque prefiere varios refrigerios pequeños durante el día en lugar de tres comidas grandes. ¿Por qué?

Jorge descubre que tiene más energía cuando no tiene que digerir demasiada comida de una sola vez. Pero antes de correr a buscar donas y barras de chocolate, ten en cuenta que debes comer los tipos correctos de bocadillos para sentirte bien. Opta por carbohidratos complejos, como plátanos y nueces.

Uno de nuestros snacks favoritos son las uvas. Tienen un sabor dulce y puedes masticarlos como si fueran palomitas de maíz.

Jorge a veces congela sus uvas y las come como pequeñas golosinas congeladas. Los frutos secos son otra gran alternativa. Nos gustan especialmente los orejones y los mangos porque su textura masticable es satisfactoria. Las almendras y otros frutos secos también son snacks saludables.

A continuación se muestran dos de las recetas de bocadillos favoritas de Cecilia.

Chips de tortilla caseros y salsa de frijoles Corte varias tortillas de harina en trozos con forma de pastel y colócalas en una bandeja para hornear galletas o en una piedra para hornear hasta que estén crujientes en un horno calentado a 350 grados. Es posible que sea necesario darles la vuelta a las virutas cuando empiecen a curvarse después de unos cuatro o cinco minutos.

Compra frijoles refritos vegetarianos. Saben muy bien y tienen sólo dos gramos de grasa por media taza. Calienta los frijoles refritos vegetarianos en un plato con tapa en el microondas. (¡Los frijoles explotan de la manera más gloriosa!)

Cubre con crema agria y cebollas verdes.

Agregue salsa y sirva con aguacate para obtener deliciosos y saludables chips de tortilla y salsa de frijoles. Para que este snack sea aún más saludable, utiliza tortillas integrales.

Burritos de frijoles saludables

Usando los mismos ingredientes anteriores, calienta los frijoles refritos vegetarianos y coloque todo en una tortilla de harina junto con queso bajo en grasa y cebollas verdes para obtener un burrito saludable. Prepara burritos más pequeños para la merienda o más grandes para el almuerzo o la cena. Servir con fruta fresca.

COMIDAS INTELIGENTES

Una dieta saludable no tiene por qué ser insípida o aburrida. Hoy en día, el cielo es el límite con una gran variedad de alimentos atractivos y nutritivos a la venta en tiendas y mercados. Sólo necesitas investigar las muchas opciones disponibles. Si sigues los principios básicos de una alimentación inteligente, podrás sentirte bien y al mismo tiempo mantenerte lo más saludable posible.

Consejo energético para hoy

Visita tu supermercado o mercado favorito. Compra algo de fruta fresca o seca, vete a casa, descansa y disfruta de tu merienda.

4

Sé Saludable

El trabajo de Jorge en psicología clínica y de la salud finalmente despertó su interés en la medicina conductual y en una rama completamente diferente de la atención médica conocida con varios nombres: salud holística, salud natural, medicina integrativa, medicina alternativa, medicina complementaria, medicina integral y medicina combinada. Preferimos el descriptor integrativo porque implica que estos métodos tienen un papel importante que desempeñar integrados en la medicina convencional.

El objetivo básico de la medicina integrativa es el bienestar general, que se logra mejor en los niveles de la mente, el cuerpo y el espíritu. Las herramientas holísticas comunes para el bienestar incluyen moderación, buena nutrición, aire fresco, actividad física, apoyo social, estimulación mental e introspección.

· · ·

Cuando tenía poco más de 20 años, Jorge comenzó a sufrir migrañas intensas y sufrió dos o tres ataques la mayoría de las semanas durante 12 largos años. El único enfoque que conocían los médicos convencionales era prescribir medicamentos y fisioterapia, los cuales eran de utilidad limitada en el caso de Jorge. Con el tiempo, aprendió sobre la quiropráctica y los métodos chinos para tratar los dolores de cabeza. Después de algunas semanas de someterse a ajustes cervicales y torácicos y tomar las fórmulas chinas Jia Wei Xiao Yao San y Tian Ma Wa, Jorge descubrió que sus dolores de cabeza se redujeron drásticamente en intensidad y frecuencia. Rara vez tiene migrañas en estos días y las atribuye a su uso continuo de ajustes y hierbas.

Al ver los beneficios para Jorge, Cecili pronto desarrolló un interés similar en los métodos naturales para una buena salud. Se convirtió en una ávida defensora cuando Jorge pudo reducir sus dolores de cabeza tensionales masajeando su cuello y hombros, así como calmar su estómago presionando áreas específicas en su espalda y pies.

Hemos llegado a apreciar que la mayoría de las terapias integrativas promueven el logro del bienestar general en lugar del simple tratamiento de síntomas y enfermedades.

. . .

Aunque este enfoque podría hacer que algunos de nuestros lectores principales, incluidos algunos de los médicos amigos de Jorge, se estremezcan, el hecho es que muchas formas de atención médica han florecido en todo el mundo mucho antes del desarrollo de la medicina alopática (M.D.) y osteopática (D.O.) occidental.

El hecho de que un método o técnica haya existido durante mucho tiempo no lo convierte en legítimo. Pero su longevidad tampoco lo hace obsoleto. Por ejemplo, es posible que el conocimiento acumulado de los últimos 3,000 años de la medicina oriental tiene importantes conocimientos que ofrecer a la medicina occidental con respecto a terapias holísticas y fórmulas a base de hierbas. No olvides que muchos de nuestros productos farmacéuticos estándar se basan en derivados vegetales.

Creemos que el problemático sistema de salud actual tiene mucho que aprender de las prácticas del pasado y de todo el mundo, basándose en las mejores ideas y métodos de los modelos occidentales y orientales. Para hacer esto se requiere cooperación y respeto mutuo entre disciplinas y profesionales de diferentes orígenes, así como estudios de investigación sólidamente diseñados y controlados.

. . .

El cambio no se producirá de la noche a la mañana, pero podemos consolarnos con avances como el Centro Nacional de Medicina Alternativa y Complementaria que investiga la legitimidad de diversos métodos holísticos.

En nuestra opinión, hay mucho espacio para profesionales alopáticos, osteopáticos e integradores que estén capacitados y autorizados para trabajar juntos en beneficio de sus pacientes.

Queremos dejar claro antes de continuar que no presumimos de ser expertos en ninguna de las terapias integrativas. Tampoco creemos que una revisión exhaustiva de miles de años de historia médica sea un objetivo práctico para este capítulo. Hay disponible comercialmente un número creciente de libros y clases para consumidores que explican casi todos los aspectos de los modelos occidentales y orientales de atención médica.

En lugar de ello, queremos presentarle métodos que podrían resultar prometedores para quienes padecen el cansancio cotidiano. Hemos descubierto que estos están respaldados por al menos algunas investigaciones científicas occidentales.

. . .

También esperamos que este capítulo te mostrará el valor de un modelo integrado de atención médica que armoniza el cuidado de la mente, el cuerpo y el espíritu humanos.

Como mencionamos antes, si sufres de agotamiento crónico, debes consultar a un profesional de la salud para descartar una causa física.

Una vez que te hayan asegurado que no tienes ningún problema grave, es hora de considerar lo que la medicina integrativa podría ofrecerle.

Dejando de lado los enredos políticos asociados con este tema, consideremos ahora cómo cuatro modelos destacados de atención médica integral podrían resultar útiles en tu búsqueda por mejorar tu bienestar y aumentar tu energía de forma natural.

MEDICINA TRADICIONAL CHINA

La Medicina Tradicional China (MTC) es un sistema distinto e integral para diagnosticar y tratar enfermedades, prevenirlas y promover el bienestar. La MTC abarca muchas terapias diversas que mejoran la salud y equilibran la energía.

La acupuntura (de las palabras latinas acus, que significa "aguja" y punctura, que significa "punción") y las hierbas son probablemente los métodos más conocidos de la medicina oriental. Otras técnicas de MTC utilizadas con frecuencia incluyen las ventosas, la moxibustión, el Qigong, el Gua Sha y la Tuina, todas las cuales implican formas de manipular el Qi, la energía esencial de la vida.

Probablemente originada en China hace miles de años, la MTC todavía se practica en todo el mundo hoy en día, incluido Estados Unidos.

Algunos principios básicos

Los conceptos filosóficos que forman la base de la MTC pueden parecer bastante intimidantes, si no francamente extraños, al lector no iniciado. Afortunadamente, no es necesario comprender la filosofía ni los principios médicos chinos para beneficiarte de la medicina tradicional china.

. . .

También esperamos que este capítulo te mostrará el valor de un modelo integrado de atención médica que armoniza el cuidado de la mente, el cuerpo y el espíritu humanos.

Como mencionamos antes, si sufres de agotamiento crónico, debes consultar a un profesional de la salud para descartar una causa física.

Una vez que te hayan asegurado que no tienes ningún problema grave, es hora de considerar lo que la medicina integrativa podría ofrecerle.

Dejando de lado los enredos políticos asociados con este tema, consideremos ahora cómo cuatro modelos destacados de atención médica integral podrían resultar útiles en tu búsqueda por mejorar tu bienestar y aumentar tu energía de forma natural.

MEDICINA TRADICIONAL CHINA

La Medicina Tradicional China (MTC) es un sistema distinto e integral para diagnosticar y tratar enfermedades, prevenirlas y promover el bienestar. La MTC abarca muchas terapias diversas que mejoran la salud y equilibran la energía.

La acupuntura (de las palabras latinas acus, que significa "aguja" y punctura, que significa "punción") y las hierbas son probablemente los métodos más conocidos de la medicina oriental. Otras técnicas de MTC utilizadas con frecuencia incluyen las ventosas, la moxibustión, el Qigong, el Gua Sha y la Tuina, todas las cuales implican formas de manipular el Qi, la energía esencial de la vida.

Probablemente originada en China hace miles de años, la MTC todavía se practica en todo el mundo hoy en día, incluido Estados Unidos.

Algunos principios básicos

Los conceptos filosóficos que forman la base de la MTC pueden parecer bastante intimidantes, si no francamente extraños, al lector no iniciado. Afortunadamente, no es necesario comprender la filosofía ni los principios médicos chinos para beneficiarte de la medicina tradicional china.

. . .

Para los propósitos de esta discusión, un concepto requiere una breve explicación. Las fuerzas opuestas y mutuamente dependientes del Yin y el Yang están en el corazón de la medicina china. Se cree que estas dos fuerzas afectan a todo el universo, incluidos los seres humanos. Así pues, un objetivo importante de la MTC es restablecer el equilibrio normal entre Yin y Yang para mejorar la salud, aumentar la calidad de vida y, lo más importante, prevenir la aparición de enfermedades. Comprender a fondo los matices de conceptos como Yin y Yang permite a los profesionales de la MTC diagnosticar con mayor precisión y tratar con mayor eficacia.

La MTC analiza los problemas de salud, incluida la fatiga, como expresiones de desequilibrio, por lo que se recomienda encarecidamente a los pacientes que examinen sus pensamientos, emociones y comportamientos para comprender sus problemas desde una perspectiva más amplia. Los síntomas, ya sean mentales, físicos, espirituales o una combinación de estos tres, son consecuencias de un estilo de vida ineficaz y de los intentos del cuerpo por restablecer el equilibrio. Esto explica por qué educar a los pacientes es tan importante en la medicina tradicional china.

El enfoque oriental es diferente de su contraparte occidental que enfatiza el tratamiento de enfermedades. Aunque eliminar los síntomas es un objetivo importante en la MTC, no es el único. Los profesionales de la medicina tradicional china se centran en mejorar la salud general de sus pacientes ayudándoles a encontrar el equilibrio y la paz.

La acupuntura puntual

La medicina tradicional china considera que la salud está íntimamente relacionada con el Qi. Cuando se producen desequilibrios en el flujo normal de energía dentro del cuerpo, se produce una enfermedad. Por lo tanto, restaurar el flujo regular de Qi es de suma importancia. La acupuntura es un medio para lograr esto.

Aunque es una de muchas técnicas, la acupuntura suele venir a la mente cuando se habla de medicina tradicional china. La acupuntura es eficaz para tratar muchos problemas psicológicos, físicos y espirituales. Probablemente se originó en China hace miles de años y se ha seguido perfeccionando desde entonces. Aunque algunos médicos convencionales pueden expresar escepticismo, la potencia comprobada de la acupuntura ha sido adoptada en muchas partes del mundo durante siglos.

La acupuntura moderna se basa en la inserción de finas agujas esterilizadas en la piel en puntos específicos ("puntos de acupuntura") que responden a la estimulación. Los practicantes también pueden aplicar calor, presión, fricción, succión o electricidad a estas áreas especiales del cuerpo.

La salud se restablece normalizando el flujo de Qi mediante la tonificación o sedación de puntos de acupuntura específicos. Desde un punto de vista occidental, esto podría explicarse como variaciones de los campos electromagnéticos del cuerpo humano dadas las propiedades eléctricas inusuales de los puntos de acupuntura. Cualquiera que sea su mecanismo de acción exacto, la acupuntura parece equilibrar el movimiento de la energía en sus múltiples formas por todo el cuerpo.

Debido a que la acupuntura respalda los poderes curativos naturales del cuerpo, muchas afecciones pueden mejorarse o incluso eliminarse. Según datos publicados por la Organización Mundial de la Salud, la acupuntura es útil para problemas de ojos, boca, corazón, pulmones, estómago, piel, cerebro, nervios y músculos. En los Estados Unidos se usa principalmente para tratar el dolor, incluidas lesiones, dolores de cabeza, dolores de espalda, artritis y bursitis. Sin embargo, más recientemente en este país, quienes sufren de ansiedad, estrés, depresión, insomnio, obesidad, fatiga crónica, síndrome del intestino irritable, hipertensión, asma, alergias, adicciones, trastornos alimentarios, disfunciones sexuales, síntomas premenstruales y menopáusicos y muchas otras condiciones. También han encontrado alivio a través de la acupuntura.

Con el profesional adecuado, la acupuntura podría ayudarte a recuperar la energía perdida. Mucha gente ha descubierto que esto es cierto. Pero ten en cuenta que no existen curas milagrosas. Es posible que la acupuntura no te ayude en absoluto y no te reportará ningún beneficio a menos que también abordes los hábitos de estilo de vida poco saludables.

No podemos enfatizar lo suficiente que la MTC es complicada. No se puede aprender leyendo un libro o asistiendo a un taller de fin de semana. Se necesitan muchos años para dominar todas las complejidades del lenguaje de la medicina tradicional china, los diagnósticos de lengua y pulso, las teorías de canales y órganos y la energía puntual.

Por lo tanto, te recomendamos que sólo recibas acupuntura de un profesional autorizado con la formación y experiencia clínica adecuadas.

El poder curativo de las hierbas verdes chinas

. . .

Como rama de la medicina tradicional china, la medicina herbaria china es un sistema de curación integral que se ha ido perfeccionando a lo largo de miles de años. También se utiliza en todo el mundo. Un protocolo común hoy en día es tratar a los pacientes con una combinación de hierbas y acupuntura.

Independientemente del enfoque específico adoptado, los practicantes de la medicina tradicional china generalmente desarrollan recetas a base de hierbas que se adaptan cuidadosamente a la constitución única de cada persona y a sus principales dolencias. Es decir, se utilizan hierbas de manera integral y no elegida basándose únicamente en los síntomas. Esto es diferente del enfoque adoptado por los médicos convencionales al recetar medicamentos.

Los herbolarios de la medicina tradicional china buscan una descripción completa de la salud general y el estilo de vida del paciente.

Las etiquetas médicas comunes (fatiga, dolor, insomnio, asma, sinusitis, influenza, neumonía, reflujo, hepatitis, enfermedades cardíacas, síndrome premenstrual y menopausia) no necesariamente brindan a los herbolarios chinos suficiente información. En lugar de ello, utilizan un cuestionario exhaustivo para identificar los patrones únicos del paciente, de modo que se puedan elegir las fórmulas herbarias correctas. El tratamiento con hierbas chinas, como la acupuntura, requiere la experiencia de un médico capacitado y autorizado.

MEDICINA TRADICIONAL CHINA Y CANSANCIO

Como comentamos anteriormente, las dolencias de casi todo tipo son el resultado de alteraciones en el flujo de Qi. Por tanto, un objetivo importante de la MTC es corregir y prevenir el desequilibrio y sus consecuencias de enfermedad y fatiga.

Volvamos a nuestra discusión sobre el Yin y el Yang por un momento. Estos dos términos describen relaciones mutuamente dependientes, cualidades opuestas de la naturaleza.

En una situación ideal, cada cualidad Yin estaría en perfecto equilibrio con su correspondiente cualidad Yang.

Esto no sucede muy a menudo porque la vida es propensa al desequilibrio. Un objetivo básico de la MTC, como ya hemos dicho, es restablecer el equilibrio en la medida de lo posible.

¿Alguna vez jugaste en un balancín cuando eras niño?

¿Recuerdas la emoción cuando tú y tu amigo se equilibraban? Piensa en el Yin a un lado del balancín y el Yang en el otro. Lo ideal es que tanto el Yin como el Yang estén en equilibrio.

Pero sabemos que la vida no es tan simple. Esto es lo que sucede. Cuando el Yin es más bajo, el Yang es más alto.

Cuando el Yang es más bajo, el Yin es más alto. Dicho de otra manera, muy poco Yin da demasiado Yang, y muy poco Yang da demasiado Yin. Demasiado Yin da muy poco Yang y demasiado Yang da muy poco Yin. Además, el daño al Yin afecta al Yang, y el daño al Yang afecta al Yin. Demasiado daño a cualquiera de ellos puede ser irreparable hasta el punto de causar la muerte. El punto importante a recordar es el concepto de equilibrio.

Desde el punto de vista de la medicina tradicional china, la fatiga como forma de deficiencia de Qi, o Xu Lao-can, puede tener varias causas. Sin embargo, hoy en día muchos casos de agotamiento implican daños al Yin por esfuerzo excesivo. Volviendo al ejemplo del balancín, bajar el Yin provocará, durante un tiempo, un aumento del Yang.

¿Alguna vez te has sentido con más energía cuanto más ocupado estás? A veces esto se considera como estar nervioso o funcionar con energía nerviosa. Desafortunadamente, no puedes mantener el ritmo alto por mucho tiempo.

Eventualmente agotarás tu Qi y te agotarás como tu cuerpo se desgasta.

La forma en que la actividad y el descanso se equilibran influye en el Qi. Cuando estás activo, utilizas Qi. Cuando comes correctamente y descansas, restauras el Qi. Cuando se excede, se priva de comidas regulares y saludables, de ejercicio y de descanso, lo que altera la armonía entre el Yin y el Yang, lo que provoca cansancio. Y si trabajas demasiadas horas o corres como una persona salvaje, no tendrás la oportunidad de restaurar tu Qi lo suficientemente rápido.

El uso repetido de las reservas internas de su cuerpo de

esta manera reduce su energía personal y causa cansancio crónico.

Curiosamente, la falta de actividad física también puede provocar cansancio. Esto puede parecer contradictorio.

Desde la perspectiva de la medicina tradicional china, un estilo de vida perezoso puede interferir con el libre flujo de Qi tanto como uno hiperactivo. Piensa en un sábado por la mañana en el que no dormiste lo suficiente la noche anterior y luego me sentí apático todo el día. Además, piensa en un sábado por la mañana en el que durmió hasta tarde y luego se sintió aturdido todo el día. ¿Ves cómo funciona esto? Si duermes muy poco, estás cansado. Si duermes demasiado, estás cansado.

Las causas típicas de Yin dañado y Qi agotado, con el consiguiente agotamiento, incluyen exceso de trabajo físico y mental, demasiado o muy poco ejercicio, demasiado o muy poco sexo, enfermedades prolongadas, nutrición inadecuada, deshidratación, lesiones y traumas, entre otras. La respuesta es confiar en la acupuntura, la acupresión, la terapia a base de hierbas, la terapia de masajes, la dieta, el ejercicio, la oración, la meditación, la atención plena, el Qigong y otras técnicas de MTC para recuperar la energía perdida.

· · ·

La medicina tradicional china también es eficaz para tratar la ansiedad que provoca la sensación de agotamiento. Por ejemplo, un punto de acupuntura conocido como Yin Tang, que se encuentra entre las cejas, puede disminuir la tensión. Y una fórmula herbaria china favorita para el insomnio contiene Suan Zao Ren (Semen Ziziphi Spinosae) debido a sus especiales propiedades calmantes.

En resumen, la MTC es un sistema integral de curación que ofrece estrategias de tratamiento para restablecer el equilibrio y mejorar la salud. Dependiendo de su presentación clínica específica, la acupuntura y las hierbas medicinales podrían ayudarle a sentirse con más energía.

QUIROPRÁCTICA

La quiropráctica, una de las terapias complementarias más grandes y organizadas, está dedicada a la idea de que el bienestar depende en gran medida de huesos, músculos y nervios sanos y que funcionen normalmente.

Los quiroprácticos creen en la capacidad innata del cuerpo para curarse a ti mismo y adaptarse a tu entorno. Específicamente, buscan abordar el dolor y otros problemas a través del delicado arte de los ajustes de la columna. También utilizan terapia de masajes, acupuntura, nutrición, ejercicio, modificación del estilo de vida y muchos otros métodos para promover la aptitud mental, física y espiritual.

¿Por qué ajustes? La columna vertebral humana consta de una serie de vértebras (huesos móviles de la espalda) que se extienden desde la base del cráneo hasta la pelvis. Cuando estas vértebras no están alineadas adecuadamente, incluso pequeñas cantidades de presión sobre los nervios cercanos pueden causar una gran cantidad de dolor. Las vértebras desalineadas también pueden ejercer tensión sobre los músculos, tendones, ligamentos y otros tejidos blandos locales.

Las vértebras espinales se realinean durante un ajuste quiropráctico. El resultado es la liberación de presión sobre los nervios y músculos, lo que disminuye el dolor y mejora el funcionamiento general del cuerpo. Ajustar repetidamente la columna parece proporcionar los mayores beneficios a largo plazo.

No obstante, aún no se sabe el veredicto sobre cómo funciona exactamente todo esto. Mientras muchos quiroprácticos hablan de corregir vértebras desalineadas, otros hablan de abrir canales de energía. Otros hablan de restaurar el movimiento de las vértebras en relación con sus estructuras cercanas. Cualquiera que sea la explicación, la quiropráctica ayuda a millones de personas cada año.

Los quiroprácticos, que obtienen un título de doctorado (D.C.) y tienen una licencia para ejercer, dependen de muchos de los mismos métodos básicos de examen físico que utilizan otros médicos. Además, prestan mucha atención a la alineación de las vértebras. Un examen espinal especializado para evaluar la integridad estructural y la función es un sello distintivo de la profesión quiropráctica.

QUIROPRÁCTICA Y CANSANCIO

Por razones que no se comprenden del todo, el estrés afecta con frecuencia la columna y los músculos, provocando dolores en forma de dolores de cabeza, dolores de espalda y espasmos musculares. Este dolor, a su vez, agrava el estrés, lo que provoca más dolor. ¿Cómo? Le preocupa que el dolor afecte su capacidad para trabajar, dormir, tener relaciones sexuales y disfrutar de la vida. Luego, su cerebro responde a estos miedos empeorando la experiencia del dolor como señal para reducir el estrés.

Inicialmente, es posible que no piense en la quiropráctica como una terapia para el cansancio crónico. Pero si tu vida es agitada y desequilibrada, probablemente estés sufriendo demasiado estrés. La quiropráctica definitivamente puede ayudarte a relajarte y liberar la tensión y el dolor encerrados en tu cuerpo.

NATUROPATÍA

La naturopatía es una rama de la atención médica que se basa en terapias naturales. Los médicos naturópatas con licencia de hoy en los Estados Unidos tienen el Doctorado en Naturopatía (N.D.) o el Doctorado en Medicina Naturopatía y recibió su educación en una escuela de medicina naturopática acreditada. Se basan en lo mejor de numerosas tradiciones curativas, incluidas la medicina tradicional china, la quiropráctica, la fisioterapia, la terapia de masajes, la homeopatía y la psicología. Los naturópatas son practicantes integradores en todos los sentidos.

Sin embargo, un problema grave para los médicos legítimos naturópatas es la disponibilidad de correspondencia no acreditada, educación a distancia y programas en línea que emiten o venden "títulos" naturópatas. Ésta es una de las razones por las que la comunidad médica en general en muchos estados se ha mostrado reacia a adoptar la naturopatía. Sin embargo, el escenario político con respecto a la concesión de licencias a médicos naturópatas en todo Estados Unidos está cambiando a medida que el apoyo a la regulación continúa cobrando impulso.

NATUROPATÍA Y CANSANCIO

Al igual que otras terapias holísticas, en énfasis en la naturopatía está en el cuidado de la persona en su totalidad, no sólo de partes del cuerpo o enfermedades.

Los médicos naturópatas autorizados tratan una amplia gama de afecciones, realizan entrevistas clínicas, realizan exámenes físicos y solicitan radiografías y pruebas de laboratorio como otros médicos.

Los tratamientos naturopáticos se adaptan a las necesidades y deseos únicos del paciente. Las terapias, que pueden variar desde suplementos vitamínicos y herbarios hasta saunas y masajes, se eligen para trabajar con la fuerza vital del paciente (básicamente la misma que el Qi en la MTC) para lograr una curación natural.

Seis principios de curación forman la base de la naturopatía:
1. El cuerpo humano tiene un poder innato para curarse a sí mismo.

2. La salud y la enfermedad afectan a toda la persona.

3. Los síntomas son expresiones de los intentos del cuerpo de curarse a sí mismo.

4. El tratamiento debe evitar la supresión innecesaria de los síntomas.

5. La prevención es el objetivo final de la atención sanitaria.

6. El naturópata es sanador y maestro.

Los naturópatas tratan la fatiga de la misma manera que otros practicantes integrativos, ayudándote a encontrar equilibrio mental, físico y espiritual.

Pueden enseñarle cómo mejorar tu dieta, maximizar tu ejercicio y ajustar tu actitud para que puedas encontrar una renovada sensación de bienestar.

TERAPIA DE MASAJES

El contacto humano transmite el cuidado, la compasión y la empatía que son ingredientes importantes en cualquier forma de curación. La terapia de masaje utiliza este poder especial para lograr un bienestar óptimo. Las últimas décadas han sido testigos de un aumento del interés en el contacto terapéutico para relajar y normalizar los músculos y tejidos blandos, mejorar la salud mental y aumentar la felicidad.

La terapia de masaje adopta muchas formas, pero cinco de las más comunes son el masaje sueco, el masaje de tejido profundo, el masaje deportivo, la liberación miofascial y la Tuina (masaje de acupresión chino). Cualquiera que sea el estilo que se practique, el masaje suele implicar una combinación de movimientos largos y cortos, presión, percusión y vibración. La mayoría de los terapeutas de masaje se practican en consultorios privados, en spas y salones de belleza, en centros comerciales o con otros profesionales de la salud, como médicos osteópatas y quiroprácticos.

¿Qué puede lograr la terapia de masaje? Desde un punto de vista físico, el masaje alivia el dolor estimulando la liberación de endorfinas, los analgésicos naturales del cuerpo.

Mejora la circulación para llevar más oxígeno a los órganos del cuerpo y otros tejidos. El masaje estimula la función inmune y ayuda en la eliminación de las hormonas del estrés y los productos de desecho metabólicos. Desde un punto de vista psicológico, el masaje reduce la ansiedad induciendo calma. Durante un masaje, los músculos tensos se relajan y los tendones y ligamentos se estiran, disminuyendo la tensión asociada con el estrés crónico. El masaje mejora el estado de ánimo, mejora la autoestima, mejora el sueño y promueve la serenidad. Estos efectos físicos y psicológicos positivos de la terapia de masaje, cuando se combinan, pueden mejorar el bienestar general, acelerar la curación después de una lesión e incluso prevenir el desarrollo de enfermedades en primer lugar.

No es de extrañar que nuestro chihuahua, Andre, disfrute tener masajes. Incluso aprendió a pedirle un masaje a Jorge rodando sobre su espalda.

MASAJE TERAPÉUTICO Y CANSANCIO

El masaje es probablemente nuestra forma favorita de reducir el estrés y sentirte renovado.

Jorge ha practicado terapia de masajes desde 1990, y cree que los masajes frecuentes probablemente hacer más para mejorar la salud mental, física y espiritual que la mayoría de los otros métodos. La terapia de masaje no necesariamente curará el cansancio cotidiano, pero podría brindarle un alivio apreciado de los síntomas de tensión y estrés.

Y al combinar el contacto terapéutico con una buena nutrición, ejercicio regular y psicología de autoayuda, podrá aprender a relajarse y evitar los efectos dañinos del estrés crónico y la hiperactividad en tu vida.

ENCONTRAR UN PRACTICANTE DE MEDICINA INTEGRATIVA

Seleccionar un profesional de la salud holística calificado puede ser una tarea desalentadora. A continuación se presentan algunos ejemplos de preguntas que puede considerar hacer al entrevistar a proveedores potenciales:

¿Tiene licencia para ejercer?
¿Puedo ver su licencia para ejercer?
¿Cuánto tiempo has estado practicando?
¿Cuál es su formación y experiencia educativa?
¿Tiene referencias que pueda revisar?
¿Cuál es su filosofía de curación?
¿Cómo se llega a un diagnóstico?
¿Solicitan pruebas de laboratorio?
¿Cuál es su tratamiento o terapia?
¿Cuáles son los posibles efectos secundarios de su tratamiento o terapia?
¿Cuáles son los costos de su tratamiento o terapia?
¿Aceptas un seguro? En caso negativo, ¿qué acuerdos financieros están disponibles?
¿Cuánto tiempo puedo esperar estar en tratamiento para mi condición?
¿Cuánto tiempo puedo esperar estar en tratamiento antes de ver resultados?

¿Cuáles son las alternativas al tratamiento propuesto?

¿Alguna vez te han demandado?

¿Alguna vez realizas investigaciones?

¿Perteneces a una organización profesional?

¿Participas en educación continua?

¿Estás dispuesto a consultar con otros profesionales de la salud, incluidos médicos u osteópatas?

¿Cómo manejas las emergencias en la oficina?

El sentido común sugiere que no continúes con el tratamiento si tus preguntas no reciben una respuesta satisfactoria. También querrás EVITAR (traducir: huir) de los profesionales que:

Criticar y negar toda la medicina alopática y osteopática.

Negarte a coordinarte con otros profesionales de la salud.

Practicar en lugares cuestionables o inusuales.

Prometer curas para enfermedades incurables.

Quieres que suspendas los medicamentos recetados por tu médico familiar.

Presionarlo para que compre hierbas caras, suplementos, dispositivos o pruebas.

Negarte a permitir que un miembro de la familia lo acompañe a las sesiones.

Son sexualmente sugerentes o poco profesionales.

Exigen que te desnudes cuando tu voz interior te lo indique es inapropiado.

Hacerte sentir incómodo en cualquier momento o por cualquier motivo.

MENTE, CUERPO Y ESPÍRITU

El campo de la medicina integrativa se está acercando a un modelo que combina cada vez más lo mejor de las terapias occidentales y orientales. La mayoría de los profesionales holísticos reconocen hoy el valor de los aspectos mentales, físicos y espirituales del bienestar.

Tu cuerpo es maravillosamente resistente y, con persuasiones e intervenciones ocasionales, es capaz de curarse a sí mismo. Por eso los profesionales integrativos te empoderan como individuo y enfatizar el autocuidado y la prevención en un enfoque unificado para tu mente, cuerpo y espíritu.

Consejo energético para hoy

Tuina es la versión TCM de la terapia de masaje. A continuación se muestran varios puntos de acupresión poderosos ("puntos de acupresión") para generar sentimientos de paz, satisfacción y bienestar. ¡Unos pocos minutos de presionar, frotar, amasar o golpear estas áreas pueden hacer maravillas! Además, no se distraiga con nombres y números inusuales y aparentemente no relacionados. Estas son etiquetas que se refieren a ubicaciones estandarizadas de puntos de acupuntura. Tuina puede ser realizada por un practicante o como automasaje.

Yin Tang: presione ligeramente este punto a medio camino entre las cejas para una relajación instantánea.
Vesícula biliar 21: presione ligeramente en el medio de los músculos entre la base del cuello y los hombros. Luego, exprime y amasa esta zona por ambos lados durante al menos un par de minutos. Probablemente notarás muchas cosas de tensión aquí.

Vejiga 23: presiona suavemente la parte baja de la espalda a cada lado simultáneamente, aproximadamente a dos dedos de distancia de la columna. Una forma sencilla de hacerlo es frotar ambos lados de la zona lumbar con los nudillos.

Pericardio 6: presiona ligeramente en la parte interna del centro de tu antebrazo donde usa un reloj de pulsera. Esto debe estar aproximadamente a dos dedos del pliegue de la muñeca.

Hígado 3: este punto está ubicado en la parte superior del pie, en el área blanda entre los huesos del dedo gordo y el segundo dedo. Siéntate en una silla, inclínate, presiona y frota dentro y alrededor de las áreas blandas donde te duele.

Intestino grueso 4: este punto está ubicado en la membrana entre el pulgar y el índice. Puedes sostener la membrana y apriete este punto con el pulgar y el índice de la otra mano.

Bazo 4: este punto se encuentra a lo largo del empeine del pie. Presione y frote dentro y alrededor de las áreas blandas donde duele.

Riñón 6: este punto está ubicado cerca del hueso interno del tobillo. Presione y frote dentro y alrededor de las áreas blandas donde duele.

5

Examina Tus Creencias

En este capítulo exploraremos cómo los pensamientos, emociones y comportamientos irracionales le impiden encontrar la simplicidad, el equilibrio y la energía. También le daremos consejos prácticos y útiles para un cambio de imagen mental, incluido cómo identificar sus conceptos erróneos y transformar su diálogo interno.

EL ARTE DEL REENMARCAMIENTO COGNITIVO

Sin duda, el método de autoayuda más eficaz para eliminar el cansancio cotidiano es replantear tus pensamientos, gestionar tus emociones y cambiar tus comportamientos mediante la Terapia Cognitivo Emotiva Conductual (CEBT). Dicho de otra manera, la CEBT se ocupa del papel que desempeñan los pensamientos, emociones y comportamientos irracionales en los problemas cotidianos.

A diferencia de otros modelos de terapia y asesoramiento, la CEBT enfatiza fuertemente el presente. Le ayuda a descubrir qué puede hacer ahora para superar sus problemas. Esto significa que la CEBT trata de resolver los problemas actuales en lugar de reexaminar acontecimientos pasados. De hecho, gran parte de lo que haces en CEBT es trabajar en tus pensamientos, emociones y comportamientos actuales.

En CEBT no es la situación la que influye directamente en cómo te sientes o reaccionas. Más bien, son sus percepciones e interpretaciones de la situación las que marcan la diferencia. Digamos que estás caminando por la calle y pasa tu mejor amigo. Él no mira en tu dirección. Puedes: 1) preocuparte de que tu amigo esté enojado contigo, o 2) asumir que tu amigo está preocupado y no te notó. En el primer caso automáticamente asumes lo peor, lo cual es irracional. En el segundo caso se sacan conclusiones basadas en información verificable, que es racional. Es decir, no tienes pruebas de que tu amigo esté enojado, pero sí tienes pruebas de que tu amigo no te vio. Sacar otras conclusiones sólo traerá dolor.

Por alguna razón, herencia, personalidad, fondo, estrés: tus pensamientos tienden a distorsionarse. El reencuadre cognitivo puede ayudarle a aprender a reconocer y evaluar tus pensamientos irracionales y convertirlos en racionales. Y cuando piensas de manera más racional, te sientes mejor y tomas decisiones de estilo de vida más efectivas.

Con suficiente práctica, tus nuevas habilidades CEBT se convertirán en algo natural para ti y tu experiencia de estrés, desequilibrio y agotamiento se desvanecerá y desaparecerá.

El reencuadre cognitivo es una herramienta activa, aquí y ahora. Pero no es una pastilla mágica. Para beneficiarse de CEBT a largo plazo, debe dedicar tiempo a dominar las técnicas. ¡Tienes que practicar, practicar, practicar! Y cuanto más esfuerzo pongas en cambiar tu vida, más recompensas cosecharás. El reencuadre cognitivo implica tres pasos básicos:

    Identificando tus ideas distorsionadas
    Disputando tus ideas distorsionadas
    Reemplazando tus ideas distorsionadas

Superficialmente, esto puede parecer fácil, pero el replanteamiento cognitivo requiere tiempo y trabajo de tu parte. Sus problemas no surgieron de la noche a la mañana, por lo que no puede esperar que desaparezcan de la noche a la mañana.

. . .

Veamos ahora más de cerca cómo el pensamiento afecta la vida en general y cómo la CEBT remedia la irracionalidad y la infelicidad humanas.

Conceptos básicos de la terapia cognitivo-emotivo-conductual

Los acontecimientos de la vida, los pensamientos, las emociones y los comportamientos interactúan y se afectan entre sí. Sin embargo, es de especial importancia la influencia directa que los pensamientos (creencias, valoraciones, valoraciones) tienen sobre las emociones y los comportamientos. Desde el punto de vista de la CEBT, son tus interpretaciones de las personas y las circunstancias las que te impulsan a sentir y actuar como lo haces, no las personas o las circunstancias en sí.

Por ejemplo, un hombre que cree que siempre debe ayudar a los demás podría decirse a sí mismo que no puede decir que no cuando sus compañeros de trabajo le piden favores.

Esto, a su vez, lo lleva a aceptar demasiadas solicitudes y comprometerse demasiado hasta el punto de agotarse y enfermarse físicamente. Cuanto más se involucra este hombre en pensamientos erróneos, más te esfuerzas y fracasas en complacer a todos, se convence a sí mismo de que no vale nada y se deprime. Todo esto es un patrón amenazador de irracionalidad que incluye derrota, decepción, enfermedad y cansancio crónico que tienen mucho que ver con sus malas interpretaciones de la realidad.

La mayoría de las veces, cuando estás molesto, te has convencido de que algo es horrible o terrible en lugar de simplemente inconveniente.

Los psicólogos que practican la CEBT se refieren a este proceso como espantoso o catastrófico.

Si eres un catastrofista, podrías creer que es horrible que los demás piensen que eres una persona vaga por no mantener un horario hiperactivo. O podría concluir que es terrible si los demás piensan que es un mal padre por no llevar a sus hijos a innumerables actividades todas las tardes o comprarles lo que quieran. Cuando crees que una situación en la vida es insoportable o desastrosa en lugar de simplemente desagradable o desafortunada, probablemente hayas sacado conclusiones falsas, como:

La situación, que es totalmente mala, me hace sentir completamente miserable.

La situación no debería existir porque no me gusta y no puedo tolerarla.

Debo encontrar una solución perfecta y arreglar la situación, o seré una persona defectuosa.

. . .

La gran mayoría de las decepciones, los problemas y las molestias diarias provienen de tipos de pensamiento exigentes en lugar de preferidos. Cuando te sientes enojado, nervioso o irritado, no sólo deseas algo, sino que exiges, insistes y dictas que recibas exactamente lo que deseas.

Como ejemplo, una mujer puede exigir una pérdida de peso rápida y fácil y volverse hostil cuando no sucede.

O podrías esperar que el ejercicio sea sin esfuerzo y darte por vencido cuando resulte ser un trabajo duro.

Si tienes cansancio excesivo, estas y muchas otras irracionalidades son comunes. Afortunadamente, la investigación científica ha demostrado que el reencuadre cognitivo puede reducir con éxito la agonía y restablecer el equilibrio ayudándole a:

Redefine tu experiencia de los eventos cotidianos para una vida más creativa.

Desarrollar estrategias activas de afrontamiento y calmantes para momentos de estrés excesivo.

Echa una mirada fresca y racional a tus pensamientos, emociones y comportamientos.

Tipos de creencias distorsionadas

. . .

La mayoría de nosotros nos involucramos en pensamientos irracionales. Si estás preocupado por evitar el rechazo o por trabajar muy duro, probablemente pueda identificarte con esto. Tal vez incluso hayas tenido creencias tan distorsionadas como:

"Tengo que saber con total certeza que a todos les agrado y me aceptan".

"Si no hago una semana laboral de 60 horas, mi jefe y mis compañeros de trabajo pensarán que no estoy cargando con mi parte de la carga".

"Es terrible que la gente piense que me muevo lentamente". "Debo estar ocupado, o al menos parecer ocupado, todo el tiempo".

"Estoy demasiado involucrado en el trabajo para disfrutar del tiempo libre o tomarme unas vacaciones".

"Para ser un buen cristiano, necesito ofrecer voluntariamente cada minuto libre en la iglesia".

"Mis hijos sólo me amarán si les doy el 120 por ciento".

"Lo más grande y lo nuevo siempre son mejores".

Estas y muchas otras creencias distorsionadas se conocen con muchos nombres: creencias irracionales, distorsiones cognitivas, enloquecedores, nociones sin sentido, ideas tóxicas, pensamientos automáticos negativos y diálogo interno negativo. Independientemente de cómo se describan, las creencias irracionales de todo tipo comparten un tema común; no pasan la prueba de la lógica y, por lo tanto, interfieren con tu capacidad para disfrutar la vida. Por ejemplo, creer que siempre debes gustar y apreciar a todos es ilógico.

No hay garantía de que siempre agradarás y apreciarás a todos solo porque así lo deseas. Es genial cuando agradas y aprecias a otras personas, pero no es una necesidad absoluta para sobrevivir.

Las creencias irrazonables impiden alcanzar las metas.

Estos pensamientos conducen a ansiedad, depresión, culpa, ira, vergüenza, insatisfacción y conductas destructivas, como trabajar demasiado, beber demasiado, discutir, discriminar y retirarse. Como nos confió un amigo:
"Sigo esforzándome cada vez más. Francamente, ni siquiera estoy seguro de por qué. Supongo que desde pequeño fui programado para ser un triunfador, para tener éxito. A medida que crecí, todo empezó a alcanzarme. Antes podía trabajar a todas horas del día y de la noche, pero ahora no quiero hacer nada. No puedo dormir y termino arrastrándome todo el día con ganas de volver a casa y echarme una siesta. Estoy muy nervioso y agotado. Ahora que lo pienso, nunca me había sentido tan miserable".

Las creencias razonables, por otro lado, promueven el logro de metas. Estos pensamientos conducen al entusiasmo, la excitación, la curiosidad, la alegría, la felicidad y comportamientos constructivos, como reducir el ritmo, reflexionar sobre la vida, afrontar tareas desagradables pero necesarias, enfrentar conflictos inevitables y correr el riesgo de un posible rechazo.

Los pensamientos sin sentido también adoptan la forma de numerosos bloqueos cognitivos que interfieren con una vida sana e inteligente. Los bloqueos cognitivos a menudo comienzan con palabras como "¿Qué pasaría si...?" "¡No puedo...!" "¡Que horrible...!" o "¡Oh no...!"

La gente expresa creencias distorsionadas y bloqueos cognitivos todo el tiempo. Escuche atentamente a quienes le rodean y verá lo que queremos decir.

Alteración del ego y ansiedad por malestar

Dos tipos de trastornos emocionales resultan de tener deberes irracionales ("Debo conseguir lo que quiero"). La alteración del ego ocurre cuando la depresión y la culpa surgen de la autoevaluación de insuficiencia, inferioridad e inutilidad si no se realizan bien ciertas tareas y no se recibe la aprobación o el amor deseado de los demás. La ansiedad por malestar ocurre cuando las demandas de comodidad o ausencia de malestar no se satisfacen de manera satisfactoria. El cansancio cotidiano se produce cuando estos molestos deberes le impiden elegir encontrar la simplicidad y el equilibrio.

Anti-catastrófico

En última instancia, la mayoría de los acontecimientos de tu vida no son absolutamente catastróficos. Muchos factores estresantes, como los problemas económicos y la mala salud, son muy desafortunados e indeseables, pero no son completamente espantosos, horribles o terribles.

Desestresarte

CEBT se dedica a ayudarlo a reducir el estrés. Esto incluye eliminar los síntomas físicos desagradables y sentirse mucho menos perturbado. Con la práctica, rara vez deberías enojarte seriamente por algo.

Mayor tolerancia a la frustración

También es importante aumentar la tolerancia a la frustración. Al comprender que no necesariamente necesitas lo que deseas, podrás aprender a soportar pérdidas y rechazos. Las frustraciones pueden ser agravantes, pero no son realmente desastrosas ni mortales.

Autoaceptación y consideración positiva incondicional

CEBT fomenta la autoaceptación, que es el acto de abrazarte a ti mismo tal como eres hoy, independientemente de tus defectos. También es importante la capacidad de afirmar a los demás sin importar cómo actúen. Al aceptarte a ti mismo, a los demás y a tus circunstancias incondicionalmente, aprendes a tener paciencia y tolerancia.

SOBRESENSIBILIDAD A LA CRÍTICA

Muchas personas con cansancio crónico son inusualmente sensibles a las críticas. Así que consideremos brevemente cómo se puede aplicar el reencuadre cognitivo a este rasgo de personalidad común pero problemático.

. . .

Las críticas pueden ser desagradables. Esto es especialmente cierto cuando la intención de la otra persona es herirte o manipularte. Pero no es el contenido de la crítica lo que marca la diferencia; es cómo lo interpretas y lo aceptas.

Dicho de otra manera, puedes considerar las críticas como una amenaza a tu autoestima, o puedes considerar la fuente, olvidarlas y seguir con tus asuntos. Puede resultar desagradable que un miembro de la familia le acuse de ser un mal padre, pero no es terrible. No tienes que creer lo que ella dice.

La capacidad de manejar las críticas sin perderlas es una habilidad útil que puedes agregar a tu repertorio de estrategias de afrontamiento. Pero antes de continuar, nos gusta distinguir entre dos tipos de crítica: constructiva (amistosa) y destructiva (antiamistosa). La primera es útil, la brinda alguien que se preocupa por usted y sus sentimientos y, por lo general, es apreciado.

El segundo es doloroso, lo pronuncia alguien a quien no le importa y nunca es apreciado.

La crítica constructiva puede ser muy valiosa. Su principal objetivo es ayudarte a aprender sobre ti mismo, desarrollarte como individuo y mejorar tu desempeño. La crítica destructiva no es valiosa ni útil. Su principal objetivo es difamarte, menospreciarte y controlarte. Cuando la gente piensa en la crítica, tiende a evocar imágenes negativas asociadas con el tipo destructivo.

Tratar eficazmente cualquier tipo de crítica implica responder racionalmente. Una de las primeras preguntas que debes hacerte cuando te critican es: "¿Es válida la crítica de esta persona?" Muchas veces las personas ofrecen comentarios constructivos porque se preocupan por los demás y quieren ayudarse mutuamente. Después de todo, siempre existe la posibilidad de que una crítica particular sea cierta.

Es útil no tomar las críticas como algo personal. La persona que ofrece comentarios suele hacer comentarios sobre lo que estás haciendo. El problema comienza cuando aplicas lo que la otra persona dice sobre tu comportamiento a tu autoestima. Si alguna vez te sientes tentado a hacer esto, recuerda que no eres lo que otras personas dicen o piensan de ti.

Sólo porque alguien diga que eres vago, malo o estúpido no significa que en realidad lo seas. Cíñete a los hechos e ignora las tonterías.

VIDA RACIONAL

En el centro de la miseria de la mayoría de las personas está la irracionalidad. CEBT ayuda maravillosamente a identificar, desafiar y reemplazar los pensamientos, emociones y comportamientos ineficaces que impiden la felicidad verdadera y duradera. Y al adoptar una mentalidad preferente en lugar de exigente, al elegir una vida racional, puede mejorar tu calidad de vida, mejorar tu estado de ánimo y aumentar tu energía.

6

Prueba Un Nuevo Punto De Vista

Si sufres de cansancio diario, tus objetivos son:
Para volverte más sensato
Para eliminar el estrés excesivo cambiando tu actitud y simplificando tu vida.
Sentirte mejor
Para hacer las paces contigo mismo

Aquí es donde el reencuadre cognitivo puede resultar útil. En este capítulo te mostraremos cómo cuestionar tu irracionalidad y comprometerte con la racionalidad. También te mostraremos cómo detener los pensamientos sin sentido antes de que se arraiguen.

Sin embargo, queremos advertirte contra el pensamiento demasiado positivo.

. . .

Si bien lo cálido y confuso puede hacerte sentir bien, el pensamiento falso positivo es tu propia distorsión cognitiva.

Engañarte a ti mismo con un sentido erróneo de racionalidad no es útil.

Habiendo identificado algunas de las causas principales de angustia emocional y evitando al mismo tiempo la trampa de la positividad de Pollyanna, continuemos discutiendo cómo repudiar sus distorsiones cognitivas con CEBT.

ELIMINAR TUS DISTORSIONES COGNITIVAS

Para superar tus pensamientos sin sentido, debes reconocer el hecho de que eres un ser humano falible. Al abrazar tu humanidad, puedes superar las preocupaciones irracionales de tener que parecer ocupado, tener el último modelo de todo y complacer a todos los demás.

En segundo lugar, tienes que dejar de exigir y quejarte de no conseguir lo que quieres cuando lo quieres. Tienes que dejar de lado tus deberes, deberes y deberes. Solo entonces disfrutarás de una actitud más realista de preferencia y aceptación.

En tercer lugar, tienes que eliminar lo terrible y lo horrible de cualquier cosa que te moleste y reconocer el hecho de que la mayoría de los problemas cotidianos de la vida son simplemente desafortunados e inconvenientes.

Finalmente, debes admitir que tus dificultades, conflictos, factores estresantes y disgustos son, en realidad, ocasiones para el crecimiento personal, no para la derrota. En otras palabras, cuando tomas el control de tu pensamiento, puedes convertir tus obstáculos en oportunidades.

Como analizamos en el capítulo anterior, todo este proceso de desafiar y eliminar irracionalidades implica tres pasos básicos. La primera es identificar tus creencias irracionales.

El segundo es cuestionar tus creencias irracionales. Las disputas son a menudo preguntas puntuales. Aquí están algunos ejemplos:
 ¿Dónde está la regla...?
 ¿Dónde está la prueba...?
 ¿Quién dice...?
 ¿A quién le importa si...?

¿Y qué si...?
¿Qué es lo peor que pasaría si...?
¿Cuál es la probabilidad...?
Cuál es el problema...?
¿Qué tiene de malo...?
¿Por qué necesito...?

El tercer paso es reemplazar tus viejas creencias irracionales con otras nuevas y racionales. Apliquemos el proceso de reencuadre cognitivo a tres ideas sin sentido comunes: 1) necesidad de parecer ocupado, 2) querer tener la computadora más moderna y rápida, y 3) exigir tener el control total de todo. Primero, identifica tus creencias distorsionadas:

Debo parecer ocupado en todo momento.
Debo tener la computadora más moderna y rápida.
Debo tener el control total de todo lo que me rodea.

También podría considerar cómo tus exigencias conducen inevitablemente a la catastrofización y la personalización.

Si no estoy ocupado en todo momento, la gente pensará que soy un vago, lo cual es horrible.

Si no tengo la computadora más nueva y más rápida, la vida es inaguantable.

Si no puedo tener el control total de todo lo que me rodea, soy un fracaso.

Luego, crea disputas que desafíen tus distorsiones cognitivas:

Si no parezco ocupado en todo momento y la gente piensa que soy un vago, ¿qué tiene eso de horrible?

Si no tengo la computadora más moderna y rápida, ¿quién dice que la vida es insoportable?

Si no puedo tener el control total de todo lo que me rodea, ¿dónde está la prueba de que soy un fracaso?

Finalmente, idea respuestas sensatas que respondan a sus disputas:

No es deseable que la gente piense que soy un vago, pero no es horrible.

Es un inconveniente si no consigo todo lo que quiero, pero la vida no es insoportable.

Es incómodo si no puedo tener el control total de todo lo que me rodea, pero no hay ninguna prueba de que soy un fracaso.

¿Ves cómo funciona esto? Probemos con otro. Aquí hay algunas distorsiones cognitivas de un adicto al trabajo que no puede dormir por la noche.

Nada debe interferir con mi trabajo porque eso sería desastroso.

Es horrible si no hago mi trabajo rápidamente y sin esfuerzo.

Nada debe interponerse en mi camino.

Debo poder conciliar el sueño fácilmente cuando y donde quiera, sin importar lo estresado que me sienta. De lo contrario, estaré aún más molesto y miserable.

Y he aquí algunos ejemplos de disputas y respuestas sensatas a estas irracionalidades:

¿Dónde está la ley que dice que nada debe interferir con mi trabajo o mi sueño?

¿Por qué es necesariamente desastroso si un proyecto me lleva unos días más o no puedo conciliar el sueño?

• • •

Cuando la vida pone obstáculos en mi camino, no tengo que enojarme. Puedo manejar casi cualquier cosa. Y lo que no puedo soportar, lo puedo tolerar.

Es un inconveniente si no puedo conciliar el sueño cuando estoy estresado, pero ciertamente no es terrible ni horrible.

Puedo soportarlo.

Quizás lo mejor que puedo hacer es reducir mis compromisos para poder dormir más profundamente.

A partir de estos ejemplos de distorsiones cognitivas, disputas y respuestas sensatas, se puede ver cómo situaciones aparentemente devastadoras no lo son necesariamente cuando se separan los hechos de las suposiciones y preocupaciones ilógicas. Además, CEBT demuestra que lo mejor para usted es experimentar dolores a corto plazo para obtener beneficios eventuales de ganancias a largo plazo.

• • •

Por ejemplo, puede aceptar la incomodidad temporal del hambre mientras está a dieta para perder 20 libras con la esperanza de verse y sentirse genial, todo ello mientras desarrolla una actitud positiva sobre los hábitos saludables en general.

Pensamiento detenido

Una técnica eficaz para ayudarte a evitar la irracionalidad es detener el pensamiento.

Esto implica utilizar un desencadenante físico o verbal para detener un pensamiento indeseable.

El desencadenante puede ser tan simple como aplaudir, chasquear los dedos o decir en voz alta la palabra basta. Obliga a una ruptura total con el pensamiento improductivo y allana el camino para respuestas prácticas.

Si aún no puedes dejar de cavilar, intenta distraerte. Ejercicio. Lee un libro. Ver una película. Visualiza un lugar tranquilo. Centra tu atención en algo o alguien más.

¡Práctica práctica práctica!

. . .

Para encontrar una tranquilidad duradera, tendrá que trabajar para replantear sus distorsiones cognitivas y cambiar sus hábitos poco saludables. En otras palabras, ¡querrás practicar, practicar y practicar! ¿Por qué? Cuando realizas repetidamente una nueva actividad, la entrena de manera efectiva en tu mente y cuerpo para obtener beneficios duraderos.

Probablemente hayas aprendido a escribir en un teclado o tocar un instrumento musical. Cuando empiezas a dominar una nueva habilidad, todo parece incómodo. Tus manos no quieren hacer lo que tu cabeza les dice que hagan.

Cada movimiento requiere una reflexión y un esfuerzo considerables para ejecutarse, y rápidamente puedes desanimarte. Pero después de muchas, muchas horas de práctica, la nueva habilidad se vuelve casi automática hasta el punto de que ya no necesitas concentrarte tan intensamente.

Lo mismo ocurre con el aprendizaje y el dominio del reencuadre cognitivo. Una vez que hayas practicado y entrenado para identificar, cuestionar y alterar tu pensamiento irracional, no tendrás que concentrarte en las técnicas para poder utilizarlas. Serán una respuesta instintiva disponible para ti en todo momento.

. . .

Al final de este capítulo se encuentra el Cuadro de reencuadre cognitivo para ayudarle a practicar la identificación y el desafío de las irracionalidades de su vida. Siempre que reconozcas distorsiones cognitivas, regístralas y las situaciones en las que ocurrieron. Luego, escribe tus disputas y respuestas sensatas.

También puedes intentar calificar tu nivel de angustia antes y después de aplicar un reencuadre cognitivo a tu pensamiento irracional.

7

Vive En La Simpleza

La simplicidad en la vida es deseable. Sin duda, cuanto más simplifiques tu vida, menos estrés sentirás y más energía tendrás. Pero, como veremos en este capítulo, muchas personas bien intencionadas llevan la vida sencilla a un extremo poco práctico. Ese tampoco es un buen enfoque.

Tu vida "debe hacerse lo más simple posible, pero no más simple". Vaya despacio y haga cambios razonables que no le hagan sentir como si se hubiera mudado a un campo de refugiados.

Como hemos enfatizado repetidamente a lo largo de ¡Deja de sentirte cansado!, un plan moderado es clave. Los extremos de cualquier tipo lograrán drenarte. Una bola de helado sabe deliciosa, pero 15 bolas te enfermarán. Sin embargo, si realmente anhelas un helado, evitarlo por completo te hará sentir privado.

Lo mismo se aplica a otras áreas de la vida. Está bien mirar televisión, leer alguna revista de vez en cuando o ir de compras. Pero tu vida está desequilibrada cuando ves la televisión a todo volumen durante todo el fin de semana, no lees nada más que columnas de chismes de Hollywood o frecuentas el centro comercial local. También está desequilibrado cuando te niegas un placer ocasional que es importante para ti.

Vida compleja

¿Alguna vez has considerado cuánto tiempo se necesita para vivir en estos días? En primer lugar, cuidar de nosotros mismos implica un compromiso considerable. Está la rutina diaria de ducharnos y vestirnos para el trabajo, incluido todo lo que hacemos para mantener nuestros cuerpos en una forma socialmente presentable. Y no olvide los ejercicios aeróbicos cada dos días, las limpiezas dentales cada seis meses y los exámenes físicos y de la vista todos los años.

Luego, está el tiempo necesario para usar y administrar nuestra tecnología: verificar correos electrónicos, enviar mensajes de texto, mantener computadoras y actualizaciones de software, y aprender a operar nuevos dispositivos electrónicos. Vivir también significa hacer un desastre, lo que requiere limpiar la casa, lavar los platos y lavar la ropa. Y recuerde la seguridad básica. Revise las alarmas de humo y los extintores de incendios de su hogar dos veces al año.

Aquellos de nosotros que somos propietarios de casas tenemos patios, canaletas y vallas que requieren atención.

Las calderas y los acondicionadores de aire necesitan cambios de filtro mensuales, las chimeneas necesitan una limpieza anual y las herramientas para cuidar la casa y la propiedad necesitan un mantenimiento regular. No olvide también darle mantenimiento a la cortadora de césped cada primavera.

Vivir también genera costos, los costos significan facturas, las facturas toman tiempo para pagarse y las cuentas corrientes toman tiempo para equilibrarse. Si eso no fuera suficiente, no olvidemos la interminable variedad de recados: paquetes al correo, recetas a la farmacia, niños al médico, mascotas al veterinario y ropa a la tintorería.

Además, no podemos olvidarnos de ir a cortarnos el pelo, hacer la compra y esperar los tiempos de cambio de aceite por muchos vehículos que tengamos. También contamos con impuestos, renovaciones de licencias, cumpleaños, eventos religiosos y sociales, días festivos y actividades familiares. Estos son sólo algunos de los conceptos básicos, sin contar aficiones y vacaciones, lo que queremos hacer.

No es de extrañar que las tareas queden incompletas, que los artículos se rompan por falta de mantenimiento y que aparezcan el cansancio y la enfermedad.

¿Qué vamos a hacer? La respuesta al problema de la vida compleja es sencilla si estamos dispuestos a mirarnos a nosotros mismos con franqueza. ¡Vida sencilla y organizada!

Si intentas organizar toda tu vida en un fin de semana, te estás preparando para fracasar. El caos de la vida moderna desafía reformas tan radicales e instantáneas a menos que se tenga acceso a todo un equipo de producción de un reality show de televisión. La forma de organizarte es hacer un plan razonable. Se organizado.

ORGANIZARTE Y MANTENERTE

Para muchos de nosotros, la mera idea de organizarnos es paralizante. Es posible que no sepa por dónde empezar cuando vea las montañas de desorden esparcidas por su casa y su patio, apretujadas en cajones, apiñadas en armarios y apiladas dentro del garaje.

Iniciar el proceso puede resultar complicado. Sin embargo, la clave del éxito al completar cualquier tarea grande es dividirla en partes factibles. Lo que hace que cualquier trabajo parezca abrumador es observar su totalidad.

Cualquier cosa tomada en su conjunto puede parecer demasiado grande para abordarla.

Haga una lista de todo lo que no se está haciendo. No te permitas considerar conversaciones contraproducentes. En su lugar, concéntrate sólo en cómo te gustaría que existiera tu espacio vital en una realidad ideal. Camine por su casa, mire en los armarios y cajones y revise sus áreas de almacenamiento. ¿Qué has buscado últimamente? ¿Qué te cuesta encontrar? ¿Qué es difícil de alcanzar? ¿No usado? ¿En la forma? Quizás lo que quieras organizar sea menos tangible, como tu agenda. Sea lo que sea, ponlo en la lista. Si eres honesto contigo mismo, la lista podría crecer desalentadoramente.

A continuación, prioriza tu lista. Tu primer impulso podría ser identificar el trabajo más importante como la máxima prioridad, lo que no es necesariamente el mejor plan de ataque. Si te desanimas o descarrilas fácilmente, tal vez sea mejor comenzar con lo que será más fácil de hacer, lo que te ayudará a sentirte bien o te dará el mejor retorno por el tiempo invertido. Realizar un trabajo más pequeño en su lista podría tener un mayor impacto en la vida diaria y brindarle más satisfacción que realizar un trabajo más grande. Por ejemplo, organizar su escritorio en casa puede ser más gratificante que limpiar todo el garaje. Una vez que hayas hecho la lista, asigne a cada trabajo un día u hora. Probablemente hayas escuchado el dicho: "Un lugar para cada cosa y cada cosa en su lugar".

Si bien eso es cierto en el caso de la organización, también nos gusta el dicho: "Un tiempo para todo y todo a su tiempo".

La organización solo sucederá si planificas y dedicas tiempo para hacerlo.

De acuerdo con nuestro tema de equilibrio, le recomendamos con entusiasmo que reserve tiempo para relajarse y obtener recompensas a lo largo del camino para mantenerse motivado. Todo trabajo y nada de juego es una fórmula segura para la inacción.

Limpiar el desorden

. . .

El desorden, en sí mismo, crea estrés. Las pertenencias en escritorios, mostradores y pisos hablan de asuntos pendientes. Este trastorno se traduce además en tiempo dedicado a buscar artículos necesarios.

El desorden comienza con una revista, un correo, un objeto que no tiene un lugar propio donde vivir. Una vez que un artículo llega al mostrador, es más fácil agregar el segundo, el tercero, y así sucesivamente. Sí, el desorden se multiplica.

¡El desorden engendra desorden!

El desorden es un subproducto de la vida moderna y el consumismo. Incluso en tiempos difíciles, de alguna manera nos hemos convencido de que nunca tenemos suficientes zapatos, ropa, accesorios, aparatos electrónicos y herramientas. Queremos que nuestra colección de pertenencias nos haga sentir mejor, asumiendo que cuanto más tengamos, mejor nos sentiremos con nosotros mismos. Desafortunadamente, a menudo ocurre lo contrario. Cuanto más artículos recolectamos, más duro debemos trabajar debido a lo que ahora debemos en tarjetas de crédito. Gran parte termina siendo un desorden estresante. Nos sentimos peor con nosotros mismos, pero es posible que sólo tengamos una vaga idea de por qué.

· · ·

Lo confesamos: ambos somos autoproclamados fanáticos del orden. Si bien pocas personas son ordenadas por el simple hecho de ser ordenadas, nosotros preferimos mantener todo ordenado y almacenado en su lugar adecuado. A ambos no nos gusta el desorden, aunque Cecilia puede tolerar una semana agitada de correo y otros papeles amontonados en su escritorio hasta que se ocupa de ello durante el fin de semana. Por otro lado, el ideal de George es una fantasía minimalista inspirada en su anterior editor neoyorquino, que disfrutaba de un gran escritorio donde sólo había un secante y un bolígrafo.

Los gurús de la vida sencilla han escrito muchos libros sobre cómo limpiar el desorden. Lo que todos señalan es cuántos artículos poseemos pero nunca usamos, incluidas las razones irracionales que damos para conservarlos todos. Nos convencemos de que algún día usaremos ese aparato, o nos resistimos a tirarlo o regalarlo porque recordamos muy bien cuánto costó. Realmente no queremos admitir ante nosotros mismos que fuimos engañados para comprar algo que no hemos usado o que solo usamos una o dos veces. Así que guardamos eso en un armario, alacena, sótano, garaje o cobertizo.

Cuando hemos recogido demasiadas pertenencias, alquilamos un trastero. ¿Qué se supone que debe hacer una familia hoy en día? Recolectamos cosas que queremos o necesitamos, lo cual ya es bastante malo. Luego, familiares y amigos nos dan cosas que no queremos ni necesitamos. Las cosas se acumulan, pero no podemos desecharlas de ello sin herir los sentimientos de todos. Ésa es una de las razones por las que hemos llegado a temer las fiestas.

Tampoco podemos vender las reliquias familiares inútiles y las feas antigüedades que hemos heredado. Finalmente alquilamos una unidad de almacenamiento para nuestras cajas cuando nos quedamos sin espacio en nuestro garaje y cobertizo. Nuestras finanzas son bastante ajustadas, por lo que odiamos tener que gastar mucho dinero cada mes sólo para almacenar más basura que no usamos. Si realmente lo piensas, la situación es una locura".

Muchos organizadores nos harían tirar o regalar casi todo. Nos oponemos a los métodos extremos propuestos por estos expertos que nos dicen que cancelemos todas las suscripciones y prohibamos todos los dispositivos electrónicos en nuestro hogar. Después de leer sus libros y blogs, honestamente nos preguntamos qué hacen estas personas para entretenerse.

Además del enfoque de tirarlo si no lo usas, una regla que se cita con frecuencia es la del equilibrio. Esto nos parece más agradable. Cuando compramos un artículo nuevo debe irse otro similar y más antiguo para que mantengamos el mismo volumen de posesiones, un equilibrio. Si compramos un par de zapatos nuevos, donamos un par viejo. O hacemos espacio en nuestro armario para los zapatos y solo tenemos tantos como quepan en ese espacio de forma ordenada y accesible. Excepto en muy raras ocasiones, cuando traemos algo a casa, sale algo más. Trabajamos para permanecer dentro de nuestro espacio y nos negamos a sucumbir al atractivo y al gasto innecesario de una unidad de almacenamiento.

Aquellos con menos disciplina para organizarse probablemente necesiten ser más rigurosos a la hora de eliminar elementos adicionales. Sin embargo, si has llevado una vida llena de desorden, te advertimos que no vayas demasiado lejos en la otra dirección. La vida equilibrada es nuestro mantra. Los extremos terminan creando estrés.

Otra recomendación muy común es vender o donar todo aquello que no se haya utilizado en el último año. Esta es generalmente una buena regla para armarios, aparatos electrónicos y artículos que se esconden en garajes y áticos. Pero para nosotros no es una regla absoluta. En cambio, estamos discerniendo sobre lo que conservamos. Nos pasa que pasamos a disfrutar de una serie de pasatiempos: remodelación, jardinería, costura, lectura, escritura y tocar música.

. . .

Así que tenemos estantes cuidadosamente organizados con libros, medios y otros artículos, algunos de los cuales no hemos tocado en años. Y eso está bien para nosotros.

Los expertos en organización señalan que la mayoría de los recursos están disponibles en línea o en la biblioteca local.

Esto puede ser cierto si hemos donado o vendido libros y revistas a los que podemos acceder electrónicamente o pedir prestados. Pero también nos gusta tener libros y libros electrónicos a los que podemos agregar notas personales, algo que no podemos hacer con los materiales prestados de la biblioteca.

Sé razonable con tus pertenencias. Conserva las revistas y periódicos que realmente dedicas tiempo a leer (honestamente, ¿realmente los lees?), reduce el número de horas que miras televisión y donar o vender lo que ya no usas.

Tal vez, solo tal vez, la razón por la que no usas artículos específicos es que están escondidos detrás de un desorden en el fondo de un armario. Si fueran de fácil acceso, podría utilizarlos con más frecuencia.

. . .

Organización significa simplificación. Entonces, si tu primer impulso es correr a tu tienda local de mejoras para el hogar y comprar organizadores para armarios y paredes, contente.

Una vez que hayas revisado cuidadosamente tu casa y tu garaje, es probable que puedas vender o donar la mayoría de los artículos no utilizados y evitar el gasto innecesario de soluciones comerciales.

Mantenerte organizado

Para mantenerte organizado es necesario establecer objetivos realistas y cambiar hábitos. Acepta que este no es un evento único, sino una forma de vida. Así como se necesita planificación para organizarse, se necesita planificación para seguir siéndolo. Y una vez que tengas el hábito de estar organizado crea tu propio impulso. Esto, a su vez, simplifica tu vida.

También es importante para mantenerse organizado prestar mucha atención a esos momentos en los que todo empieza a desmoronarse. A menudo llevamos vidas distraídas y no nos damos cuenta cuando nuestra organización comienza a desorganizarse. A Cecilia siempre le ha resultado difícil mantener ordenados los cajones de sus calcetines. Por más que lo intentó, y por muchas veces que los organizó, los cajones siempre caían en desorden. Nadie más miró nunca estos cajones, por lo que algunos podrían argumentar: "¿Qué más da?". Para Cecilia supuso una gran diferencia.

Cada mañana perdía varios minutos peleando con los cajones de los calcetines mientras se preparaba para ir al trabajo.

¿Por qué tanto alboroto? ¡Que varios minutos cada mañana equivalían a unos 30 minutos por semana o unas 24 horas al año! Un día completo de su vida cada año porque un par de cajones de calcetines no estaban organizados. La vida es demasiado corta como para dejar que los cajones de calcetines desorganizados lo hagan aún más corto.

Lo que hizo Cecilia fue arreglar los cajones de sus calcetines por última vez. Primero, tiró la mitad de los calcetines que nunca usó y dobló el resto, que guardó cuidadosamente en los cajones. Luego, observó sus propios hábitos para ver en qué punto los cajones se convertían en un desastre. No fue por la mañana cuando se estaba preparando; fue cuando estaba guardando la ropa sucia.

Lo estaba haciendo demasiado rápido, lo que provocó

el revuelo matutino. Al deshacerse de los calcetines innecesarios y tomarse unos segundos más, no minutos, para lavar la ropa, Cecilia añadió casi un día a su vida al año. Esto es lo que queremos decir con controlar nuestras pertenencias en lugar de que nuestras pertenencias nos controlen a nosotros.

Uno de los mayores desafíos para organizarse y mantenerse organizado es la tendencia humana a posponer las cosas. Es pura pereza la que dice: "Ya hablaré de esto más tarde", lo que normalmente significa no llegar a ello en absoluto. El minuto que lleva colocar los papeles en un archivo o los materiales reciclables en un contenedor ahorra tiempo en el futuro. Un desastre pequeño requiere mucho menos tiempo y esfuerzo para limpiar que uno grande.

Planificación

Nuestro mundo cada vez más complejo exige que prestemos atención a la vida en el momento, aunque a menudo nos privan de esa experiencia. Al dar un paso atrás y planificar el futuro, podemos simplificar y aprovechar el momento.

. . .

La única manera de planificar con éxito es que todos sepan qué se espera y cuándo. Estamos pensando aquí en miembros de la familia que van en diferentes direcciones. Tratar de recordarlo todo es inútil, por lo que son útiles los cronogramas escritos que sean predecibles, coherentes y legibles. Los métodos anticuados incluyen calendarios de pared y foros de mensajes. Si esta es su preferencia, compre en tiendas de artículos de oficina, un calendario de pared borrable que te permiten escribir las fechas. Estos son más baratos a largo plazo y puedes comprarlos lo suficientemente grandes como para registrar todas las actividades y responsabilidades.

Muchas de las familias inteligentes de hoy en día están optando por la alta tecnología. Hay recursos disponibles para configurar redes domésticas que constan de varias computadoras y otros dispositivos electrónicos. Organizar una familia es más fácil que nunca con calendarios de computadora, recordatorios en línea y aplicaciones para teléfonos inteligentes. Lo que se requiere es el tiempo inicial para la instalación y el compromiso de los miembros de la familia para utilizar la tecnología.

NECESIDADES VS DESEOS

No podemos escapar del hecho de que, incluso en tiempos difíciles, vivimos en una de las sociedades más prósperas de la historia. Lo que los estadounidenses aceptan como algo común se considera extremadamente extravagante en otros lugares. No sólo tenemos agua corriente fría y caliente; contamos con varios baños con cabezales de ducha con masaje.

No sólo tenemos transporte; tenemos automóviles con todas las comodidades imaginables: sistemas de aire acondicionado y calefacción, asientos envolventes, portavasos, dispositivos de navegación y centros multimedia digitales. No sólo tenemos ropa; tenemos guardarropas tan extensos que a la mayoría de nosotros nos cuesta encontrar casas y apartamentos con armarios lo suficientemente grandes. No sólo tenemos alimentos para satisfacer nuestras necesidades nutricionales; tenemos restaurantes con todos los lujos culinarios y de comida chatarra imaginables hasta el punto de que uno de los mayores problemas de salud en Estados Unidos es la obesidad.

Nos sentimos obligados a adquirir cada artículo que se presente. Chucherías, baratijas, accesorios, platos, electrodomésticos, herramientas y productos electrónicos: las posibilidades son tan infinitas como los anuncios que nos bombardean todos los días. El exceso llega a nuestras vidas y hogares, a pesar de que las crisis económicas globales de los últimos años han desafiado a muchos de nosotros a repensar nuestros hábitos de gasto.

. . .

A medida que satisfacemos nuestro deseo cada vez mayor de tener más pertenencias personales, nos complicamos la vida innecesariamente. Como hemos visto, poseer y cuidar posesiones requiere tiempo y espacio. La parte más difícil es determinar qué NECESITAMOS versus qué QUEREMOS. Parece que siempre queremos un poco más de lo que podemos permitirnos.

No importa cuánto protestemos por lo contrario, todavía hacemos todo lo posible para mantenernos al día con los demás porque somos muy conscientes de lo que tienen. Lo vemos, nos convencemos de que lo necesitamos, lo racionalizamos y luego lo compramos, incluso si eso aumenta nuestro desorden y estrés.

DINERO Y DEUDAS

Las finanzas son una fuente importante de estrés. La mayoría de nosotros no manejamos bien el dinero porque nunca nos han enseñado cómo hacerlo. Al vivir de sueldo en sueldo con poca o ninguna planificación a largo plazo, compramos demasiado, lo que agota nuestras tarjetas de crédito y sobregira nuestras cuentas bancarias. Simplificando la vida con menos posesiones no sólo ahorran energía, como hemos visto, sino que también ahorran dinero, que puede usarse para pagar deudas o financiar la jubilación u otros ahorros.

. . .

La parte más difícil de controlar nuestras finanzas es dominar nuestros propios impulsos y deseos. Las empresas son brillantes a la hora de crear productos atractivos que nos resultan irresistibles. La mayoría contrata empresas de publicidad que nos manipulan sutilmente para que compremos productos que no necesitamos.

También debemos prestar mucha atención a la rapidez con la que nuestros gastos se acumulan con el tiempo. Tomemos como ejemplo un almuerzo típico de restaurante de $12,00 dos veces por semana durante un año (aunque muchos estadounidenses gastan mucho más por comida y salen a comer fuera con mucha más frecuencia que dos veces por semana).

Eso es más de $1,200. Comprar la mitad de esa cantidad de almuerzos ahorraría $600. Este es un ejemplo de cómo ajustar un hábito puede dar el doble de retorno: una billetera más saludable y un cuerpo más delgado.

¿Nuestro punto? Mira todas las pequeñas cosas en las que gastas dinero y luego cuestionar sus motivos. ¿Existe una forma más económica de lograr el mismo objetivo? ¿Te dejas llevar por los deseos? ¿Está usted satisfaciendo los deseos creados por una cultura de consumismo? ¿Estás haciendo compras para sentirte mejor? Las claves para una buena salud financiera incluyen ser honesto acerca de los deseos y necesidades, prestar atención al gasto y conservar en lugar de consumir.

OPCIONES

El estrés y la complejidad son realidades ineludibles en un mundo acelerado.

Pero gran parte de lo que complica la vida es culpa nuestra. Al intentar tenerlo todo, finalmente perdemos el contacto con la fuente de nuestros deseos.

Tenemos opciones claras. Podemos decir no a las personas, a los anuncios y a nuestros propios deseos desenfrenados. Podemos decir sí a la simplicidad, la organización y la satisfacción.

8

Nutre Tu Alma

Con demasiada frecuencia se ignora el lado espiritual de la vida. Las personas ocupadas no siempre quieren invertir tiempo o esfuerzo en trabajar en su ser más íntimo. En cambio, es más fácil beber alcohol, tomar medicamentos, comprar o socializar en lo que equivale a un intento vacío de llenar un vacío personal cada vez mayor. En nuestra opinión, el verdadero equilibrio y energía no se pueden encontrar sin trabajar simultáneamente en la espiritualidad.

ESPIRITUALIDAD Y RELIGIÓN

Algunos podrían no estar de acuerdo con que usemos estas dos palabras al mismo tiempo. Es cierto que mucha gente distingue entre las dos espiritualidades que se refieren a las transformaciones internas y la religión que se refiere a las trampas institucionales.

Estamos de acuerdo en que los dos no son exactamente iguales, aunque definitivamente existe una superposición.

Conocemos a muchas personas que experimentan un gran consuelo dentro de la religión organizada. Les ha resultado útil pertenecer a un grupo religioso más grande. También conocemos a muchos otros que todavía son muy espirituales, aunque prefieren no asociarse con una institución o comunidad. Podrían buscar terapias psicológicas, filosofías de la nueva era, foros en línea o grupos de apoyo, como Alcohólicos Anónimos y Emociones Anónimos, sin tener que ir a una iglesia, sinagoga, templo o mezquita. O podrían elegir una combinación de los anteriores. Cualquiera que sea el camino, es la búsqueda sincera de una vida moral, agradecida y con propósito que, en última instancia, cuenta.

La espiritualidad encuentra expresión de diferentes maneras. Algunas personas quieren ser muy vocales en su adoración y oración. Otros quieren ser reverentes y reflexivos. Otros quieren permanecer en el anonimato porque apoyan organizaciones benéficas y otras buenas causas.

. . .

A lo largo de los años, hemos disfrutado de diversas prácticas espirituales y religiosas, algunas de las cuales compartimos humildemente con usted aquí. No todos han involucrado a nuestra iglesia asistente.

En ocasiones hemos disfrutado pertenecer a una comunidad de fe con otras personas con ideas similares. En otras ocasiones nos hemos sentido bendecidos al pasear a Andre y disfrutar de un hermoso día. En otras ocasiones hemos tenido discursos estimulantes que superan cualquier estudio bíblico al que hayamos asistido.

La buena noticia es que Dios, independientemente de cómo se le entienda o se le llame, no quiere que neguemos nuestra individualidad. Hay espacio para prácticas espirituales y religiosas tanto formales como informales. La idea es examinar y construir tu vida interior. Esto, a su vez, le ayudará a encontrar la virtud de la templanza, el tipo de autocontrol que conduce a una vida sana.

ESPIRITUALIDAD, PSICOLOGÍA Y BIENESTAR

La espiritualidad es crucial para nuestra necesidad humana de descubrir el significado más profundo de la vida. Ya sea que se trate de una membresía activa y formal en una organización religiosa o de un enfoque más personal e independiente, la espiritualidad nos hace profundamente conscientes de lo que realmente cuenta. Nos ayuda a desarrollar un deseo intenso y una capacidad de visión e intención. Nos ayuda a tener una ética y una moral que moldeen nuestra existencia. Lo más importante es que nos ayuda a amar a los demás y a nuestro planeta y, al mismo tiempo, a acercarnos más a Dios.

La espiritualidad es importante para muchas personas, lo que explica por qué tantos psicólogos, sociólogos y otros profesionales han manifestado interés en el tema. De hecho, los estudios de investigación han demostrado repetidamente cuán estrechamente relacionados están la espiritualidad, la psicología y el bienestar. Cuanto más espiritual seas, más probabilidades tendrás de tener una psique sana y una vida feliz. Entonces, no podrás evitar sentir más amor y entusiasmo. En nuestra experiencia, las prácticas espirituales pueden:

- Mejorar tu perspectiva general
- Mejora tu autoestima
- Agudiza tu conciencia y comprensión
- Aumentar su estabilidad y satisfacción matrimonial
- Fortalece tu sistema inmunológico
- Alarga tu vida

¿Cómo funciona todo esto? La espiritualidad influye positivamente en cómo piensas sobre la vida. Más específicamente, una perspectiva espiritual te ayuda a darle un mejor sentido a tu mundo. Suponemos que podría etiquetar esto como un tipo de reencuadre espiritual que lo posiciona mejor para revertir los efectos del estrés y el desequilibrio.

En forma de ecuación:
espiritualidad -> calma -> equilibrio-> energía cotidiana

Consideremos ahora algunas prácticas espirituales básicas que, cuando se combinan con otras técnicas descritas en este libro, pueden ayudarte a estar más arraigado, equilibrado y lleno de energía.

Oración y meditación

Mucha gente cree que la oración es el fundamento último de una vida espiritual. Sin embargo, para la mayoría, la oración significa poco más que recitar palabras mecánicamente en la mesa o en un servicio religioso. Para entrar más profundamente en una vida de trabajo y concentración interior, lo mejor es la oración sincera y reflexiva.

Un método antiguo consiste en repetir las palabras de una oración significativa una y otra vez, similar a un mantra, para encontrar esperanza, belleza y renovación en la vida.

La oración puede incluso convertirse en una forma de meditación. La palabra "meditación" proviene del latín meditatio, que se traduce libremente como "reflexión", "deliberación" o "concentración". En su significado occidental original, meditar es reflexionar profundamente sobre algo importante.

La oración y la meditación pueden ayudarte a lograr el equilibrio espiritual. A medida que te acostumbres a la contemplación diaria, crecerás en claridad de pensamiento, paz, presencia, atención plena, agradecimiento, intención y caridad hacia los demás.

Silencio y soledad

Estamos constantemente asediados por el ruido desde el momento en que nos despertamos por la mañana hasta el momento en que nos acostamos por la noche.

Si no son los televisores, las radios, los vecinos ruidosos, los atascos de tráfico o las exigencias de los jefes, entonces son nuestras mentes corriendo sobre todas las urgencias imaginables. ¿Dónde puede estar la paz en todo esto?

Buscar intencionalmente el silencio y la soledad puede ayudar a calmar la mente. No podemos orar, meditar o leer de manera efectiva sin eliminar primero el desorden del ruido. Por eso nos gusta tomarnos un tiempo cada día, aunque sea unos minutos, para estar solos en un paseo, en un parque o en una biblioteca. Recomendamos encarecidamente este sencillo pero preciado medio para recargar el alma.

Ayuno

Muchas personas consideran que el ayuno es beneficioso para su salud física, psicológica y espiritual. El ayuno puede ayudarte a purificar tu cuerpo. Puede ayudarle a agradecer la comida sana y el agua limpia. Y puede ayudarle a cambiar su forma de pensar sobre los menos afortunados.

El ayuno rompe el control que su cuerpo ejerce sobre su voluntad y sus emociones al alterar sus deseos y hábitos habituales. Cuando tus patrones de placer se ven frustrados, tu cuerpo no está satisfecho y te quedas dependiente de tus recursos internos. El ayuno no es para todos, pero la mayoría de las personas que conocemos que ayunan regularmente nos dicen cuán renovados y rejuvenecidos se sienten como resultado.

Son posibles muchos tipos de ayunos, la mayoría de los cuales duran de uno a varios días. Una opción tradicional es abstenerse de cualquier alimento y beber únicamente agua o zumos de frutas. Otra es restringir su alimentación a ciertos grupos de alimentos. Querrás experimentar para descubrir qué funciona mejor para ti.

A Jorge le gustan los desayunos de frutas, especialmente después de comer comida de restaurante.

Algunos días come sólo sandías, uvas o fresas, y otros días come diferentes tipos de frutas. Cualquiera que sea el ayuno que pruebes, la idea es darle un descanso a tu sistema digestivo, lo que también ayudará a liberar tu mente para asuntos espirituales. Sólo debe comenzar un ayuno después de hablar primero con su médico.

Lectura reflexiva

Nada nos gusta más que unos días tranquilos y acogedores leyendo libros.

. . .

Consideramos que los días fríos y lluviosos son los mejores.

A Jorge le gusta leer y reflexionar sobre el significado de la vida mientras toma café y escucha música clásica de fondo.

A Cecilia le gusta leer y reflexionar mientras bebe té de hierbas en su taza de té favorita.

Los libros tienen una forma especial de tocar nuestro espíritu. La lectura reflexiva nos permite sentirnos más cerca de nuestros autores favoritos y sus escritos.

Dirección Espiritual

La dirección espiritual generalmente incluye instrucción en oración y estudio guiado. Ascetismo, abstinencia, atención interior y la simplicidad son temas pertinentes para la discusión. Esta valiosa práctica espiritual también fomenta el autocontrol, algo esencial en el camino hacia la verdadera conciencia y el servicio a Dios y al prójimo.

. . .

Los directores espirituales, cualquiera que sea la marca, tradicionalmente recomiendan instrucción personalizada basada en el nivel de comprensión. Esto tiene mucho sentido. A los bebés se les alimenta con leche, no con pasta.

Es decir, no puedes apreciar plenamente el conocimiento revelado y las verdades más profundas de la vida hasta que primero domines las verdades menores, lo cual lleva tiempo.

Los directores espirituales generalmente sugieren que comiences donde te sientas cómodo y avance desde allí a tu propio ritmo.

La espiritualidad es el medio por el cual expresamos nuestro amor en el mundo. Es la suma total de las actitudes y acciones que definen nuestra existencia.

Muchos de nosotros recurrimos a nuestras convicciones espirituales cuando enfrentamos tiempos difíciles. Hacerlo nos ayuda a tener más confianza, encontrar orden en el caos, descubrir significado en la pérdida y afrontar el estrés, el agotamiento, la enfermedad y casi cualquier otra cosa.

Para ser espirituales, no necesitamos mudarnos a un monasterio o evitar todo placer. Pero debemos tomarnos un tiempo para examinar nuestra vida interior. Sólo entonces podremos caminar íntimamente con Dios. Sólo entonces podremos acercarnos a los demás con intención pura y encontrar equilibrio, armonía y energía duraderos.

9

Encuentra Un Propósito

En este breve y último capítulo de ¡Deja de sentirte cansado!, abordaremos algunos de los problemas más profundos de la existencia. Nuestra esperanza es que empieces a ver más claramente tu propósito en esta vida.

¿POR QUÉ ESTOY AQUÍ?

En algún momento, la mayoría de nosotros nos preguntamos: "¿Por qué estoy aquí?". Sin embargo, pocos de nosotros realmente aceptamos esta pregunta.

Programamos demasiadas actividades. Nos apresuramos de una cita a otra. Y nos aislamos de los demás para evitar ser auténticos. Después de todo, es más fácil huir de nosotros mismos que enfrentarnos a nosotros mismos.

· · ·

Si buscas un propósito y significado en la vida, estás en buena compañía. La mayoría de nosotros queremos comprender el significado más amplio de nuestro ser. Sin un sentido de propósito, la vida cotidiana se vuelve vacía y tediosa.

Experiencia Inmediata

Ser plenamente consciente del presente es importante para una vida significativa. Existencialmente hablando, no puedes vivir efectivamente en este mundo con un propósito a menos que tengas una idea de tus motivos, deseos y sueños actuales.

Si no estás en contacto con el aquí y el ahora, probablemente estés estancado viviendo en el pasado o preocupándote por el futuro. Si no puedes o no quieres superar los obstáculos de tu niñez, experimentarás ira, depresión o culpa que parece que no puedes controlar. Te obsesionaras con lo que la gente dijo o hizo años o incluso décadas antes. En un intento por sentirte mejor, puedes arremeter contra los originalmente responsables (si todavía están presentes) o contra otras personas que no tienen nada que ver con tus problemas.

· · ·

No estamos diciendo que esté mal expresar tus sentimientos.

Una respuesta emocional racional y mesurada, cuando sea apropiada, es saludable. Pero continuar enojado, deprimido o culpable por eventos que ya pasaron hace mucho tiempo sólo interferirá con su capacidad de experimentar las alegrías de hoy. Llega el momento de seguir adelante, de desechar todos los esqueletos que cuelgan en el armario de tu pasado.

Luego, hay ansiedad por lo que pueda pasar. Hemos abordado la catástrofe en capítulos anteriores, pero queremos tomarnos un momento para recordarles que de poco sirve temer al futuro. Los filósofos orientales hablan de la inutilidad de que la vida está llena de incertidumbre.

Si el sentido común te dice que el peligro está cerca, entonces defiendete por todos los medios. Sin embargo, esconderte debajo de la cama sin una buena razón para creer que el daño está a la vuelta de la esquina es irracional.

Ocúpate de tus asuntos, ajusta tu actitud, vive el momento y evita problemas.

. . .

Insistir demasiado en el pasado o el futuro resta valor al presente, y esto puede ser una causa grave de estrés, desequilibrio y agotamiento. Mantente enfocado en el hoy y deja de lado todo lo demás.

Autoaceptación, autorrealización y autorrealización.

La autoaceptación significa amar y estar contentos con quienes realmente somos. Es un primer paso para apoyarnos, validarnos y valorarnos a nosotros mismos en este momento. Muchos de nosotros, sin embargo, tenemos problemas con esto. Buscamos la aprobación de quienes nos rodean en lugar de la de nosotros mismos. Y cuando no lo recibimos de los demás, terminamos deprimidos o angustiados.

Hay una mejor manera. Sé razonable con tu vida. Aprecia tus experiencias. Y acéptate tal como eres, admitiendo que puedes tener defectos de personalidad. Nadie es perfecto.

La autorrealización significa realizar su potencial y al mismo tiempo aceptar la responsabilidad personal. Como dueño de tu vida, puedes abstenerte de culpar a los demás por tus desgracias. Puedes negarte a dejar que tus infelices experiencias infantiles te depriman hoy. Puedes ser espontáneo, afrontar lo desconocido y correr riesgos. Al hacer todo esto, se sentirá rejuvenecido y entusiasmado con casi todos los aspectos de la vida.

INSPIRACIÓN

Vivir con propósito y significado es pensar, actuar y ser lo mejor que podamos. Este es precisamente el lugar donde también escuchamos, aprendemos, reflexionamos y encontramos respuestas a nuestras preguntas más profundas sobre la vida.

Al examinar su ser más interno, puede descubrir que su propósito es ayudar a los necesitados, amar y cuidar a los animales, crear arte o llevar a cabo cualquiera de los millones de actos aparentemente pequeños que son tan importantes.

Tener un propósito nos inspira a buscar lo que es verdadero, justo, moral y hermoso. Nos inspira a disfrutar del equilibrio y la energía. Nos inspira a vivir en este mundo como se supone que debemos vivir.

Conclusión

Te hemos hablado de la importancia del equilibrio mental, físico y espiritual. Te hemos desafiado a transformar tu estilo de vida como un camino hacia más energía. Tómate un momento ahora para reflexionar sobre lo que has leído.

Hojea las páginas de este libro y revise los aspectos más destacados. ¿Ves un patrón? ¿Un tema? Eso esperamos.

Es evidente que es posible aumentar su energía personal. Puedes aceptar una vida más tranquila y sencilla que te traiga entusiasmo.

Puedes escuchar la voz de la razón e ignorar las demandas de un mundo cada vez más ocupado.

Establece objetivos para comer bien y hacer ejercicio.

Conclusión

Trabaja para eliminar pensamientos, emociones y comportamientos negativos. Decide simplificar y organizar.

Tenemos un solo paseo por esta vida, y además es un viaje breve. No lo consideramos desalentador. Para nosotros es un motivador para seguir adelante y dar lo mejor de nosotros.

La vida es demasiado corta para desperdiciarla en estrés adicional, complejidad indebida y pérdida de energía.

Queremos la vitalidad que cada momento tiene para ofrecer.

¿Quién no elegiría la paz y el equilibrio? ¿Quién no elegiría una mente, un cuerpo y un espíritu sanos? ¿Quién no elegiría más energía? ¿Quién no elegiría todo esto?

www.ingramcontent.com/pod-product-compliance
Lightning Source LLC
Chambersburg PA
CBHW072158070526
44585CB00015B/1202